Martin J. Gössl

Die Methode der Beobachtung in der Sozialen Arbeit

Martin J. Gössl

Die Methode der Beobachtung in der Sozialen Arbeit

Tectum Verlag

Martin J. Gössl
Die Methode der Beobachtung in der Sozialen Arbeit

ISBN: 978-3-8288-4483-4
ePDF: 978-3-8288-7516-6

Umschlaggestaltung: Tectum Verlag, unter Verwendung einer Fotografie
von Daniela Martelanz | www.danielamartelanz.at

Druck und Bindung: docupoint GmbH, Barleben
Printed in Germany

Besuchen Sie uns im Internet
www.tectum-verlag.de

Bibliografische Informationen der Deutschen Nationalbibliothek
Die Deutsche Nationalbibliothek verzeichnet diese Publikation in der Deutschen Nationalbibliografie; detaillierte bibliografische Angaben sind im Internet über http://dnb.d-nb.de abrufbar.

Die Beobachtung offenbart das zwischenmenschliche Geflüster unausgesprochener Metaphern beidseitiger Existenzen.

Vorwort

Es ist meine persönliche Leidenschaft, Menschen in ihren komfortablen sowie fordernden Lebenssituationen unbemerkt zu beobachten – und damit bin ich nicht alleine. Der Alltag bietet ungemein viele Möglichkeiten, dieser Passion nachzugehen, wie beispielsweise in der Straßenbahn, am Strand oder in einer Bar: Die vergnügliche Beobachtung kann unterhalten und das Wesen einer Person und gleichsam einer Gesellschaft zu Tage fördern. Im selben Augenblick offenbart die kritische Beobachtung einer aktuellen Gesellschaft den Verlust einer Fähigkeit zur vergnüglichen Beobachtung des eigenen Umfeldes, gibt es doch genügend technische Innovationen, die einer der menschlichen Aufmerksamkeit erforderlichen Fokussierung abverlangen. Damit wird dem/der BeobachterIN im Alltag zunehmend eine Sonderrolle – etwas Schräges oder Bedürftiges – unterstellt, scheint doch die gelebte Normalität in postmodernen Gesellschaften die Bindung dieser Aufmerksamkeit zu erfordern: Mobiltelefone, Laptops, Kopfhörer und E-Reader machen es möglich. Die Beobachtung droht zu einer beschäftigungslosen Handlung degradiert, in die Belanglosigkeit gedrängt zu werden.

Im sozialen Tun – unter anderen auch in der Sozialen Arbeit – ist hingegen die vergnügliche Beobachtung ein Format für die professionelle Sichtweise auf das eigene Umfeld und den Mitmenschen, um Zusammenhänge und Dynamiken zu erkennen und diese bestenfalls zu verstehen. Dabei gibt es immer wieder wissenschaftliche und populärwissenschaftliche Schlagzeilen, die ein breites Bewusstsein für diese zu beobachtenden Momente beschwören und die Professionalisierung von Beobachtungen als Potentiale für die eigene Persönlichkeits- und Karriereentwicklung anpreisen. Seminare, die uns Führungsqualitäten, Präsentationstechniken oder Gruppendynamiken verdeutlichen, zeigen, dass die Beobachtung der eigenen Personen und des Umfelds anscheinend einen Erfolgsfaktor mit sich bringen kann: Man müsse nur in der Lage sein zu erkennen, also den und die Menschen in seinen Kompetenzen und Insuffizienzen zu lesen – schon wäre so manches nicht mehr rätselhaft. Für jene, die eine leidenschaftliche als auch reflektierende Beobachtung als Hobby pflegen, sind viele dieser Formate ein leichtes zu verstehen, gleichsam aber auch die Klarheit im Raum stehend, dass Menschen und damit die Beobachtung komplexe Konstrukte sind.

Im geisteswissenschaftlichen Kontext wurde der Methode der Beobachtung ein Seitenplatz im Kanon der Erhebungsmethoden zugewiesen. Die offenkundige Subjektivität der Beobachtung macht es unattraktiv, sich für eine Fragestellung dieser Herangehensweise zu widmen. Über Jahre durfte ich unzählige Abschlussarbeiten begleiten und musste dabei feststellen, dass zwar Beobachtungen gerne angestellt werden, aber dabei die methodische Bearbeitung gerne ausgespart wurde. Dies passierte gerne mit dem Hinweis, dass die menschliche Wahrnehmung – also die eigene Beobachtung von Personen, Situationen und Organisationen – doch nicht wissenschaftlich sei. Meine provokante und für diese Publikation leitende Frage lautet daher: Kann ein Beobachten das nicht?

Nach eifriger Überlegung wurde mir bewusst, dass der Methode der Beobachtung in der Sozialen Arbeit trotz immer wiederkehrender Anwendung die weitreichende und anwendungsorientierte Darstellung als methodisches Erhebungswerkzeug für die Wissenschafts- und Handlungsprofession Soziale Arbeit fehlt. Dem soll nun mit der folgenden Publikation Rechnung getragen werden, um der reichhaltigen Methode der Beobachtung für die Soziale Arbeit Argumente und Standards für die Umsetzung einzuhauchen. Dabei sind bewusst interdisziplinäre Bezüge hergestellt und grundlegende Erkenntnisse ‚alter' VordenkerINNEN in Verwendung gebracht worden, um den Bogen zu einer anwendungsorientierten Sozialarbeitswissenschaft zu spannen und Klarheit über das Werkzeug einer Beobachtung zu schaffen. Der Anspruch ist dabei, diese Methode in einen philosophischen, theoretischen, umsetzungs- und anwendungsorientierten sowie analytischen Kontext zu setzen, um Struktur und Klarheit zu bieten.

Großen Dank für die Erstellung dieser Abhandlung schulde ich einerseits meinen Studierenden, denen ich durch ihre immerfort wirkende, wissenschaftliche Begeisterung meine eigene Motivation für ein professionelles Weiterdenken und Weiterforschen zu verdanken habe. Andererseits fördert und fordert mich mein persönliches Umfeld, welches durchaus meine fehlende Aufmerksamkeit während so mancher Beobachtung schon aufgefallen ist. Wertschätzender Dank gilt meiner profilierten Kollegin Gertraud Pantuček, die sich als etablierte Forscherin und Sozialarbeiterin der Rohfassung kritisch genähert hat. Nicht unerwähnt bleiben darf Vasilije Mijovic, da er den Erstellungsprozess mit dem richtigen Maß an Ruhe, Unterstützung, Ablenkung und Zuspruch begleitet hat.

Den bedeutsamsten Dank schulde ich natürlich jenen Menschen, denen ich dies nur selten zum Ausdruck bringen kann: den vielen unbekannten Protagonistinnen und Protagonisten meiner Alltagswelt, die tagtäglich den Inhalt meiner vergnüglichen und professionellen Beobachtungen bilden. Ohne sie wäre mein Leben eine Tristesse.

Und so lebt am Ende die Hoffnung, dass es mit dieser Abhandlung der Methode der Beobachtung in der Sozialen Arbeit gelingen kann, klare und anwendbare Leitlinien für produktive Erkenntnisse der unverzichtbaren Sozialarbeitswissenschaften zu ermöglichen und doch auch die Leidenschaft zu befördern, den gezielten oder ungezielten Blick in das eigene Umfeld zu wagen.

Denn: Die Beobachtung offenbart das zwischenmenschliche Geflüster unausgesprochener Metaphern beidseitiger Existenzen.

Inhalt

Vorwort VII

Einleitung 1

1.1. Verortung 1
1.2. Kritische Aspekte 5

2. Philosophie der Beobachtung 9

2.1. Allgemeines
2.2. Angewandtes 14

3. Vor der Beobachtung 17

3.1. Die naive und die wissenschaftliche Beobachtung 20
3.2. Die Beobachtung als willentlicher und reflektierter Akt 23

4. In der Beobachtung 27

4.1. Beobachtungsarten 27
4.2. Gesprächsbeobachtung und Beobachtungswahrnehmung 34
4.3. Die Rolle des/der BeobachterIN 36
4.4. Kriterien der Beobachtung 39
4.5. Wiederholung und/oder Fokussierung 43

5. Mit der Beobachtung **47**

6. Nach der Beobachtung **55**

6.1. Inhaltsanalyse nach Mayring 56

6.2. Hermeneutische Beobachtungsanalyse (nach Gössl) 58

6.3. Praktische Beispiele 63

7. Die abgeschlossene Beobachtung **65**

8. Die Beobachtung in der Praxis **69**

8.1. Klarheit 70

8.2. Nachvollziehbarkeit 70

8.3. Dokumentation 71

8.4. Umgang mit Beobachtungsdaten 72

8.5. Standards der Sozialen Arbeit 75

9. Verweise **81**

10. Anhänge **87**

1. Einleitung

1.1. Verortung

Viele etablierte Wissenschaftsformen bedienen sich der Methode einer Beobachtung – sowohl Natur- als auch Sozial- wie auch Geisteswissenschaften. Die Geschichte der Beobachtungsmethode ist dabei genauso reichhaltig wie weit zurückliegend. Dabei sind die persönlichen Färbungen durch die BeobachterINNEN aber auch die Potentiale in der Generierung von Erkenntnissen tiefgreifend reflektiert und zeigen die Möglichkeiten, aber auch Gefahren der Beobachtung deutlich. Fortwährend wurde dem Argument einer persönlichen Interpretation im Besonderen in der Beobachtung Aufmerksamkeit zuteil. Dieser berechtigten Kritik muss daher im Rahmen einer philosophischen Aufarbeitung Platz geboten werden um – ähnlich einer Würdigung von Dokumenten oder einer Interpretation von Ergebnissen – entsprechende Einwirkungskraft für die Qualitätssicherung zu ermöglichen. Denn so – und nur so – generiert diese Art und Weise der methodischen Erschließung einer wissenschaftlichen Fragestellung einen relevanten Erkenntnisgewinn. Die Beobachtung als Methode kann dabei Grundlegendes wie Aufbauendes darstellen und somit Essentielles zu einem Thema beitragen. Sie wird dabei immer eine Methode der persönlichen Wahrnehmung bleiben, exponiert als ein Wahrnehmen durch Sinne, und damit Grenzen, aber ebenso Offenheit in sich tragen. Jedoch kann hierbei eine provokante Frage einer Einordnung dieser Methode zur Hilfe eilen, nämlich: Welche wissenschaftliche Methode benötigt keine menschlichen Sinne in der Wahrnehmung?

Der Reiz einer Beobachtung als Methode liegt somit in deren Klarheit, selbst das Erhebungsinstrument zu sein, wodurch ein Zugang in die Tiefen einer menschlichen Existenz und eines menschlichen Zusammenspiels ermöglicht wird.

In der Fachdisziplin der Sozialen Arbeit wären eine wissenschaftliche Unternehmung wie auch ein professionelles Handeln ohne eine methodische Beobachtung nicht möglich. Sowohl Sozialanamnesen als auch fachspezifische Einschätzungen von Situationen benötigen die Beobachtung als elementares Moment der fachlichen Wahrnehmung. Diese Anwendungsanfordernisse der Beobachtung können situativ, ziellos, gleichsam Standards abgleichend sein, jedenfalls sind Beobachtungen der notwendigen Professionalität einer Sozialen Arbeit unterliegend. Personen, Situationen und Organisationen werden beobachtet, begutachtet, eingeschätzt und am Ende in ein professionelles Raster verpackt, um Anteile der Prävention, Intervention und gesellschaftlichen Kritik zu identifizieren. Dabei fungiert die Beobachtung als eine zentrale Auffassungsmethode für die aufbauenden fachspezifischen Analysen und Handlungsleitlinien.

Ähnlich einer pragmatischen Anthropologie[1] strebt die Soziale Arbeit (abgesehen von den Handlungsfolgen als angewandte Profession) danach, den Menschen und seine kulturellen und sozialen Verhaltensweisen zu beobachten und zu analysieren. Am Ende sollen die Erhebungen ein Erkennen und Verstehen von Personen und Gruppen ermöglichen, um zu einem erfolgreichen Agieren zu befähigen.

1 Becker, Wolfgang, Einleitung, Kants pragmatische Anthropologie; in: Kant, Immanuel, Anthropologie in pragmatischer Hinsicht (Stuttgart 1983), S. 24;

Somit ist es wenig überraschend, dass in den letzten Jahren die Methode der Beobachtung in manchen wissenschaftlichen Disziplinen zu einer additiven Herangehensweise, in manchen Professionen sogar zu einer zentralen Erhebungsart aufrücken konnte. Neben der Soziologie, der Psychologie oder der Zoologie setzen sich nun gleichsam Disziplinen wie die Elementarpädagogik oder auch die Soziale Arbeit mit der Wahrnehmung der Welt und ihrer Lebewesen auseinander. Gerade jene Disziplinen, welche ein komplexes Zusammenspiel verstehen wollen und müssen – wie beispielsweise gruppendynamische Prozesse oder eigenwillige Verhaltensweisen von Individuen –, konnten lange Zeit nur auf die methodische Beobachtung zurückgreifen, um Erklärungsansätze zu formulieren. Selbst in der aktuellen Zeit sind einer technischen Verarbeitung und Messung Grenzen gesetzt, weswegen den sensorischen Wahrnehmungen weiterhin entsprechende Notwendigkeit zugesprochen werden muss. Dies gilt im Besonderen auch für die menschliche Interaktion mit der Technik und mit der Verwendung dieser.

Dies ist Grund genug, sich der Methode einer Beobachtung tiefgreifend anzunähern, um eine Grundlage zu bilden, welche der Sozialarbeitswissenschaft zweckdienlich ist. Mehr noch: Diese Annäherung bietet ebenfalls eine entsprechende Anwendungsmodalität für eine anwendungsorientierte Profession der Sozialen Arbeit, in welcher bereits aktuell der Wahrnehmung von Situativem, Kollektivem und Individuellem handlungsweisende Wichtigkeit beigemessen wird.

Die folgende Abhandlung stellt die methodischen Herausforderungen der Beobachtung in der Sozialarbeitswissenschaft in den Vordergrund, um dabei transparente Grundlagen, umsetzungsrelevante Notwendigkeiten und stabile Erkenntnisgewinne darzulegen und in Verbindung zu setzen. Diese Beschränkung auf das Fachgebiet der Sozialen Arbeit erscheint zwingend, da das angewandte Wissenschaftsverständnis dieser Profession sowohl den Menschen als soziales Wesen umfasst, wobei im selben die Mandate für ein professionelles Handeln maßgeblich einflussnehmend wirken, als auch die Notwendigkeiten einer Anwendung, also einer aktiven und reaktiven Folgewirkung von Erkenntnis, einen immanenten Bestandteil darstellen. Die Sozialarbeitswissenschaft muss somit dem Anspruch gerecht werden, sowohl angewandt als auch dem Menschen zugewandt zu agieren. Die Beobachtung in der Sozialen Arbeit als Wissenschaft und Profession ist somit zweckgebunden und mit einem systematischen Auftrag versehen. Sie dient einem Erhebungszweck, dem entsprechende Konsequenzen folgen. Somit handelt es sich bei der methodischen Form der Beobachtung in der Sozialen Arbeit um ein Format, dessen Zyklus mit der Erhebung und Interpretation nicht endet, sondern eine Reaktion als drittes Glied hinzufügt. Dies bedeutet, dass die Beobachtung einem zweckdienlichen Erkenntnisgewinn unterliegen muss und – in einem induktiven wie auch deduktiven Zugang – Handlungsweisen ermöglichen oder verhindern sollte. Dies bedeutet weiters, dass die Interpretation von Beobachtungen zielführende Erklärungen für individuelle und gesellschaftliche Formationen liefern muss.

> *„Soziale Evolution als solche ist für [Jürgen] Habermas zunächst einmal ein anthropologisches Faktum, das heißt erst mit dem Menschen eröffnet sich ein Spielraum für die Entwicklung von Gesellschaftsformationen. Damit gelangt zugleich auch der natürliche Evolutionsmechanismus zum Stillstand."*[2]

2 Jörke, Dirk, Anthropologische Motive im Werk von Jürgen Habermas; in: ARSP: Archiv für Rechts- und Sozialphilosophie, Vol. 92, Nr. 3 (2006), S. 311, https://www.jstor.org/stable/23681600;

1.2. Kritische Aspekte

In der vorliegenden Abhandlung muss der Beobachtungsmethode ebenso Raum für eine Kritik hinsichtlich der Zuschreibungskonsequenz und Kategorisierungsfolge geboten werden. Wahrnehmungen, egal ob vergnüglich oder einem wissenschaftlichen Zweck folgend, ziehen Zuschreibungen für das Beobachtete nach sich, wobei dies unweigerlich die Bildung von Kategorien bedingt. Sowohl die externale Zuschreibung von etwas als auch die Klassifikation dessen offenbaren zu einem relevanten Anteil die Denkstruktur und Kultur der Beobachterin beziehungsweise des Beobachters. Gerade in der vergnüglichen Beobachtung erfahren jene Beobachtungspunkte eine wahrnehmbare Brisanz, die dem eigenen Interesse entsprechen. Dieses persönliche Interesse lässt sich auch in einem wissenschaftlichen Erhebungssetting nur zum Teil reflektieren oder gar ausschalten. Die methodische Beobachtung unterwirft Personen, Situationen und Organisationen einer (inter-)subjektiven Ordnungsstruktur, wobei die Lesbarkeit dieser Momente immer eine individuelle Konnotation in sich trägt: Menschen, Situationen und Organisationen werden wahrgenommen, gelesen, kategorisiert, vermessen und in eine systematische Matrix verschoben. Diese Matrix erfährt bereits in der Befüllung von Wahrnehmungen eine Prägung anhand eigener Prämissen, hinzufügend ist diese Matrix nur scheinbar klar formuliert: Bei Beobachtungen handelt es sich um wahrgenommene gesellschaftliche Performanzen, deren Lesbarkeit eine kulturelle, soziale und politische Verortung beinhaltet. Es sind keine allgemeingültigen Grundsätze, die eine geografische oder chronologische Eindeutigkeit aufweisen, sondern soziokulturelle Momente einer hermeneutischen Fluidität sowohl in der Verursachung einer Beobachtung als auch in deren Wahrnehmung. Denn die individuellen und fachlichen Kriterien, welche Ursachen entsprechende Personen, Situationen und Organisationen beobachtungswürdig erklären, sind ebenso vielfältig wie die eigenen Prägungen als BeobachterIN.

Diese Ambivalenzen bergen fortwährend Gefahren in sich, wenn allzu schnell kulturelle Kategorien beispielsweise einer ‚Normalität' eine ungefilterte und unreflektierte Anwendung finden. Die renommierte Gender-Wissenschaftlerin Judith Butler sieht – exemplarisch für die Relevanz dieser Gefahr einer kulturellen Kategorisierung – die geschlechtliche Performanz weitreichend und tiefgreifend dem wertenden Kulturkanon unterworfen und damit als einen jener Relevanzbereiche, die einer kritischen Annäherung bedürfen: *„Wir sollten auch beachten, daß die Kategorie ‚Geschlecht' und die naturalisierte Institution der Heterosexualität Konstrukte, gesellschaftlich instituierte und regulierte Phantasien oder ‚Fetische' sind – d. h. keine natürliche, sondern politische Kategorien (Kategorien, die zeigen, daß der Rückgriff auf das Natürliche in solchen Zusammenhängen stets politisch ist). Der zerrissene Körper, die Kriege der Frauen sind daher als textuelle Gewalt bzw. als Dekonstruktion von Konstrukten zu verstehen, die immer schon eine Gewalt gegen die Möglichkeiten des Körpers darstellten."*[3]

Butler benennt Kategorien, welche sowohl einschränkend als auch wertend fungieren und über den Bereich Geschlecht hinausgehen (können), jedenfalls jedoch einem Machtdiskurs unterworfen sind. Eine heteronormative Matrix scheint dabei ebenso festgeschrieben, unreflektiert und wertend zu sein wie die Konstruktion vieler allgegenwärtiger Zuschreibungen und Vermessungen von Personen, Situationen und Organisationen. Diese Klarstellung verdeutlicht offenkundig, wie relevant die Reflexion der Beobachtung und der angewandten Kriterien einer Wahrnehmung sind. Beides, so Butler, sollte *„in tief-*

3 Butler, Judith, Das Unbehagen der Geschlechter (Frankfurt am Main 1991), S. 187;

greifender Aneignung und Wieder-Einsetzung der Identitätskategorien selbst, indem man nicht nur die Kategorie ‚Geschlecht' anficht, sondern die Überschneidung vielfältiger Diskurse am Schauplatz der ‚Identität' artikuliert, um diese Kategorie, gleichgültig in welcher Form sie auftreten mag, dauerhaft problematisch zu machen."[4]

Dieses Problematisieren von Kategorien dient somit als eine vorangestellte Methode zur Methode der Beobachtung, um dem Prozess der professionellen Wahrnehmung eine kulturelle Dechiffrierung zu unterwerfen.

Aus der Differenz zwischen Realität und Fiktion resultiert die Reaktion. Judith Butler spricht von einer Begrenzung des Körpers und von der Ausstoßung bzw. der Umwertung von nicht der geschaffenen Norm entsprechenden Realitäten. Es handelt sich dabei um die „[...] *Verwerfung wegen* [...] *Geschlechts,* [...] *Sexualität, und/oder Farbe eine ‚Austreibung'* [...] *gefolgt von einer ‚Abstoßung'* [...], *die die kulturelle hegemonialen Identitäten an der Achse der Differenzierung von Geschlecht/Rasse/Sexualität entlang begründen und festigen.*"[5]

Diese spezifische Klarstellung erweiternd, sind gerade hegemoniale Einflussfaktoren in der Beobachtung von essentieller Relevanz. Diese zu erkennen und die sich daraus ergebenden Einflüsse für die Wahrnehmung zu reflektieren, kann erst eine professionelle und wissenschaftliche Beobachtung erforderlich machen.

Denn: „*Die Geschlechtsidentitäten können weder wahr noch falsch, weder wirklich noch scheinbar, weder ursprünglich noch abgeleitet sein. Als glaubwürdiger Träger solcher Attribute können sie jedoch gründlich und radikal unglaubwürdig gemacht werden.*"[6]

---

4 Butler, Judith, Das Unbehagen der Geschlechter (Frankfurt am Main 1991), S. 189;

5 Butler, Judith, Das Unbehagen der Geschlechter (Frankfurt am Main 1991), S. 197;

6 Butler, Judith, Das Unbehagen der Geschlechter (Frankfurt am Main 1991), S. 208;

Dabei darf mit der Dekonstruktion von Kategorien und Zuschreibungen keinesfalls die Erhebung und die Rekonstruktion von Erkenntnissen verhindert werden. Im Sinne einer individuellen und gesellschaftlichen Vermessung ist es daher wichtig, die Bezugspunkte der Beobachtung einer kritischen Reflexion zu unterziehen, um einen Erkenntnisgewinn in Bezug zu einer Wirkungsmacht der erstellten Kategorien zu setzen. Oder – dem Beispiel folgend – dargelegt: Die Ablehnung von Geschlecht als Kategorie darf nicht dazu führen, Erkenntnisgewinne über geschlechtliche Gewalt zu verhindern. So ist es essentiell zu erheben, wer Gewalt ausübt, wer öffentlichen Raum einnimmt und wer unbezahlte Arbeit verrichtet. Hier sind Kategorien, die eine kulturelle Lesbarkeit aufweisen – wie Geschlecht, Alter, Ethnie, Behinderung etc. – notwendig und zwingen BeobachterINNEN, mit und in diesem Bewertungsrahmen zu agieren. Dies entbindet den/die BeobachterIN jedoch nicht von der benannten redlichen Pflicht, Diskursmächte und hegemoniale Machtstrukturen zu hinterfragen und diese im eigenen Forschungsprozess kritisch zu reflektieren. Zusätzlich ist die Schaffung von neuen beziehungsweise das Heranziehen von bestehenden Beobachtungspunkten mit entsprechender Weitsichtigkeit und ethischer Verantwortung durchzuführen.

2. Philosophie der Beobachtung

2.1. Allgemeines

Die Beobachtung als Methode der Erhebung und Format des Erkenntnisgewinns bedarf einer gleichermaßen fachspezifischen – der Sozialen Arbeit entsprechenden – wie philosophischen Verortung. Die Einbeziehung von Eindrücken und Wahrnehmungen als Quelle für den Schaffungsprozess wissenschaftlicher Entwicklungen darf nicht von den elementar-philosophischen Beiträgen für eine kritische Auseinandersetzung von Erlebtem und Wahrgenommenem ablenken, sondern muss vielmehr als Inspiration verstanden werden.

Der Philosoph Ludwig Wittgenstein konnte mit dem Tractatus logico-pilosophicus[7] dem 20. Jahrhundert die Grenzen des Sagbaren und gleichsam die Grenzen dieser Welt entgegenhalten. Mit äußerster Strenge in der Sprache tritt er in logischer Klarheit für die Grenzziehung von Sinn und Unsinn ein und befördert so die kritische Auseinandersetzung mit den Potentialen und ebenso Grenzen von Wahrnehmbarem.

> *„Auf keine Weise kann aus dem Bestehen irgendeiner Sachlage auf das Bestehen einer von ihr gänzlich verschiedenen Sachlage geschlos-*

---

7 Wittgenstein, Ludwig, Tractatus logico-philosophicus, Logisch-philosophische Abhandlung (Frankfurt am Main 2003);

sen werden. [...] Die Ereignisse der Zukunft können wir nicht aus den gegenwärtigen erschließen. [...] Die Willensfreiheit besteht darin, dass zukünftige Handlungen jetzt nicht gewusst werden können. Nur dann könnten wir sie wissen, wenn die Kausalität eine innere Notwendigkeit wäre, wie die des logischen Schlusses."[8]

Ableitend aus diesen Sätzen von Wittgenstein ist die Projektion von zukünftigen Ereignissen – egal wie häufig eine Erfahrung mit ähnlichen Beobachtungen gemacht wurde – unmöglich. Zukünftige Ereignisse können sich aus der gegenwärtigen Beobachtung nicht eindeutig erschließen, sondern sind somit stets Mutmaßungen. Die vollziehende Beobachtung kann also nur das Gegenwärtige beschreiben und innere Notwendigkeiten – also dem logischen Schluss folgend – benennen (unter Berücksichtigung der Sachlage).

Wittgenstein hält dabei fest: „*Einen Komplex wahrnehmen heißt wahrnehmen, dass sich seine Bestandteile so und so zu einander verhalten.*"[9] Dieser Komplex kann, nach Wittgenstein, somit einer Logik folgend in mehrfacher Weise als richtig und verschieden wahrgenommen werden. Zwei Antworten können für ein und dieselbe komplexe Beobachtung richtig sein, je nachdem wie sich die Bestandteile der Beobachtung aus der Perspektive in der Beobachtung verhalten.

Diese Klarstellungen erweiternd, konstatiert der systematische Musikwissenschaftler Helmut Rösing: „*Je mehr Dimensionen ein Wahrnehmungsangebot enthält, umso vielfältiger sind die Assoziations- und Verknüpfungsmöglichkeiten unter Berücksichtigung der jeweils gegebenen intra- wie intersubjektiven Erfahrungsinventare. Oder, mehr metaphorisch gesagt, umso reichhaltiger wird die Bilderwelt der Klänge und*

8 Wittgenstein, Ludwig, Tractatus logico-philosophicus, Logisch-philosophische Abhandlung (Frankfurt am Main 2003), S. 62f.;

9 Wittgenstein, Ludwig, Tractatus Logico-Philosophicus, Logisch-philosophische Abhandlung (Frankfurt am Main 2003), S. 86;

die Klangwelt der Sinne."[10] Ähnlich der Musik und dem Film sind auch reale Beobachtungen Wahrnehmungsangebote, die mit jeweiligen Assoziationen verknüpft werden und damit individuelle Interpretationen – wenn auch eventuell nur in feinen Nuancen – mit sich bringen. Somit wird der Logik der Wahrnehmung noch zusätzlich eine Ebene der Assoziation hinzugefügt, wobei beide Faktoren a priori auf die Beobachtung einwirken.

Dieses Dilemma gelingt nur in einer kritischem Rationalismus entsprechenden Aufschlüsselung, wie der Philosoph Karl R. Popper zu argumentieren in der Lage war:

> „*Wissenschaftliche Theorien sind nicht einfach Ergebnisse der Beobachtung. Sie sind in der Hauptsache Produkte der Mythenbildung und ihrer Überprüfung. Die Prüfungen erfolgen teilweise durch Beobachtungen, deshalb ist die Beobachtung auch sehr wichtig; aber sie spielt oft keine Rolle bei der Bildung von Theorien. Ihre Aufgabe besteht vielmehr darin, Theorien zu verwerfen, zu eliminieren und zu kritisieren; und sie fordert uns auf, neue Mythen zu schaffen, neue Theorien, die dieser Art von prüfender Beobachtung standhalten können. Nur wenn wir das verstehen, können wir verstehen, wie wichtig die Tradition für die Wissenschaft ist.*"[11]

Popper folgend ist eine Beobachtung also nur dann zielführend in der wissenschaftlichen Erkenntnisgewinnung, wenn vorhandene theoretische Konzepte einer Prüfung unterzogen werden. Die wissenschaftliche Beobachtung setzt also voraus, dass Mythen und Theorien bereits

10 Rösing, Helmut, Bilderwelt der Klänge – Klangwelt der Bilder. Beobachtung zur Konvergenz der Sinne; in: Helms, Phleps (Hg.), Clipped Differences (Bielefeld 2015), S. 22.

11 Popper, Karl R., Vermutungen und Widerlegungen: das Wachstum der wissenschaftlichen Erkenntnis, herausgegeben von Herbert Keuth, 2. Aufl. (Tübingen 2009), S. 197;

im Raum stehen und den/die BeobachterIN in seiner/ihrer Neugier fordern. Insofern ist die Beobachtung eine elementare Werkzeugform, um vorhandene Hypothese und Theorien (Mythen) zu falsifizieren und damit zur Neubildung von entsprechenden Hypothese und Theorien (Mythen) beizutragen. Gerade hinsichtlich der Sozialen Arbeit ist sie eine elementare Zugangsform für soziale und kulturelle Aspekte des menschlichen Zusammenspiels. Jegliche Theorie – oder jegliches Konzept – kann in seiner scheinbaren Allgemeingültigkeit durch eine Beobachtung, die einen Widerspruch mit sich bringt, falsifiziert werden und eine Neuanpassung erforderlich machen.

> „*Die kritische Einstellung kann man als den bewußten Versuch beschreiben, an Stelle unserer Person unsere Theorien, unsere Hypothesen, unsere Vermutungen, dem Kampf ums Dasein auszusetzen. Sie ermöglicht uns, die Ausmerzung einer unzulänglichen Hypothese zu überleben – während eine dogmatische Einstellung dazu führt, daß unser Hypothese dadurch ausgemerzt wird, daß wir, ihre Träger ausgemerzt werden. […] Auf diese Weise gelangen wir durch die Ausmerzung aller jener Theorien, die weniger tauglich sind, zur tauglichsten Theorie, die uns zugänglich ist.*“[12]

Somit schließt die Beobachtung stets an einen Diskurs an, welcher unweigerlich den Philosophen Michel Foucault miteinschließt. Foucault prägt dabei den Begriff der Archäologie von Diskursen, der zufolge: „[…] *der Diskurs nicht für die Gesamtheit der Dinge gehalten werden darf, die man sagt, und auch nicht für die Art und Weise, wie man sie sagt. Der Diskurs ist genauso in dem, was man nicht sagt, oder was sich in Gesten, Haltungen, Seinsweisen, Verhaltensschemata und Gestal-*

12 Popper, Karl R., Vermutungen und Widerlegungen: das Wachstum der wissenschaftlichen Erkenntnis, herausgegeben von Herbert Keuth, 2. Aufl. (Tübingen 2009), S. 78f.;

tungen von Räumen ausprägt. Der Diskurs ist die Gesamtheit erzwungener und erzwingender Bedeutungen, die die gesellschaftlichen Verhältnisse durchziehen."[13]

Diese Breite eines Diskurs-Verständnisses verdeutlicht die gleichsam notwendig zu denkende Breite eines Beobachtungsbegriffs und eine ebenso essentielle Funktionsfähigkeit gerade für die Soziale Arbeit. Denn: „*Zum anderen glaube ich, dass man unter unterworfenem Wissen etwas anderes und, in gewissem Sinne, völlig anderes verstehen muss: eine ganze Reihe von Wissensarten, die nicht sachgerecht oder als unzureichend ausgearbeitet disqualifiziert wurden: naive, am unteren Ende der Hierarchie, unterhalb des erforderlichen Wissens- oder Wissenschaftlichkeitsniveaus rangierende Wissensarten. Und gerade über diese aus der Tiefe wieder auftauchenden Wissensarten, diese nicht qualifizierten, ja geradezu disqualifizierten Wissensarten (das Wissen der Psychiatrisierten, des Kranken, des Krankenwärters, das des Arztes – das jedoch parallel und marginal zum Wissen der Medizin besteht –, das Wissen der Delinquenten usw.), die ich als Wissen der Leute bezeichnen würde und die nicht zu verwechseln sind mit Allgemeinwissen oder gesundem Menschenverstand, sondern im Gegenteil ein besonderes, lokales, regionales Wissen, ein differentielles, von anderem Wissen stets unterschiedenes Wissen darstellen, das seine Stärke nur aus der Härte bezieht, mit dem es sich allem widersetzt, was es umgibt; über das Wiederauftauchen dieses Wissens also, dieses lokalen Wissens der Leute, dieser disqualifizierten Wissensarten, erfolgte die Kritik.*"[14]

13 Foucault, Michel, Der Diskurs darf nicht gehalten werden für , in: Defert, Ewald, Lagrange (Hg.), Michel Foucault. Schriften in vier Bänden. Bd. 3, 1976–1979 (Frankfurt am Main 2003), S.164;

14 Foucault, Michel, Dispositive der Macht: Über Sexualität, Wissen und Wahrheit (Berlin 1978), S. 60f.;

2.2. Angewandtes

„*Die qualitative und kritisch emanzipatorische Sozialforschung folgt dem Verständnis einer qualitativen Methodologie, geht aber in ihrem kritischen und emanzipatorischen Standpunkt auch über sie hinaus. Sie fügt der qualitativen Methodologie die explizit definierte Perspektivität hinzu, genauer eine kritische emanzipatorische und damit partizipative Sicht. Die nichtaufhebbare Perspektivität in jeder Beobachtung wie jeder Äußerung wird im Sinne der konstruktivistischen Positionen qualitativer Sozialforschung bewusst reflektiert und zielgerichtet genutzt. Um ihrem Anspruch gerecht zu werden, muss sie Gegenstand und qualitative Methode so wählen, dass sie die emanzipatorische und partizipative Aneignung durch die Gesellschaft optimal bedienen.*“[15]

Die vorhandene Spannung zwischen einem philosophischen Ideal und der Anwendung führt zur Konstruktion entsprechender Methodengebäude, welche in der Lage sind, die Umsetzungsmethode der Beobachtung möglich zu machen. Dies führt unweigerlich das Konzept der Grounded Theory ins Treffen:

„[...] *two important principles drawn from them are built into it. The first principle pertains to change. Since phenomena are not conceived of as static but as continually changing in response to evolving conditions, an important component of the method is to build change, through process, into the method. The second principle pertains to a clear stand on the issue of ‚determinism.‘ Strict determin-*

15 Freikamp, Ulrike, Bewertungskriterien für eine qualitative und kritisch-emanzipatorische Sozialforschung, in: Freikamp, Leanza, Mende, Müller, Ullrich, Voß (Hg.), Kritik mit Methode? Forschungsmethoden und Gesellschaftskritik (Berlin 2008), S. 217;

ism is rejected, as is nondeterminism. Actors are seen as having, though not always utilizing, the means of controlling their destinies by their responses to conditions. They are able to make choices according to their perceptions, which are often accurate, about the options they encounter. Both Pragmatism and Symbolic Interactionism share this stance. Thus, grounded theory seeks not only to uncover relevant conditions, but also to determine how the actors respond to changing conditions and to the consequences of their actions. It is the researcher's responsibility to catch this interplay. This interactive approach is necessary whether the focus of a study is microscopic, say of workers' interactions in a laboratory, or macroscopic, as in a study of the health industry or the AIDS policy arena."[16]

Der/Die BeobachterIN mit einer Hypothese und Fragestellung im Gepäck unterliegt der Notwendigkeit, als AkteurIN vorhandene Bedingungen zu analysieren und gegebenenfalls durch Flexibilität auf die Situation zu reagieren. Oder dem Soziologen Fritz Schütze folgend: „*Um ihre eigenen Handlungsbeiträge und Verstrickungen zu durchschauen, benötigt die Sozialarbeit neben der Supervision auch die Fundierung durch eine im Kern interdisziplinäre Grundlagen- und Anwendungssozialwissenschaft. Diese muß sowohl dazu befähigen, allgemeine Merkmale sozialer Prozesse in individuellen Einzelfällen und deren Besonderheit in allgemeinen Termini festzuhalten, als auch in der Lage zu sein, (historisch situativ) singuläre und allgemeine Aussagen über kollektive Zustände sozialer Welten und Subwelten zu machen, in denen Betroffene leben.*"[17]

16 Corbin, Juliet, Strauss, Anselm, Grounded Theory Research: Procedures, Canons, and Evaluative Criteria, in: Qualitative Sociology, Vol. 13, No. 1 (1990), S. 5;

17 Schütze, Fritz, Die Fallanalyse. Zur wissenschaftlichen Fundierung einer klassischen Methode der Sozialen Arbeit, in: Fiedler, Krüger (Hg.), Schütze, Sozialwissenschaftliche Prozessanalyse, Grundlagen der qualitativen Sozialforschung (Opladen, Berlin, Toronto 2016), S. 220;

Somit stellt Schütze klar, dass gerade die Soziale Arbeit als Handlungs-, aber eben auch als Wissenschaftsprofession in einer sozialwissenschaftlichen Tradition, aber gleichsam in – den eigenen Standards entsprechender – Verantwortung steht.

Diese angesprochene Tradition kann leitend, sollte jedoch keinesfalls einschränkend wirken. Gerade das breite Wissenschaftsverständnis einer internationalen Scientific Community bietet einer unabhängigen und fundierten Sozialarbeitswissenschaft eine Vielzahl an potentiellen Verortungen für traditionelle Selbstverständnisse. Und diesem Selbstverständnis folgend, trägt die Beobachtung als Methode die eigentliche Chance in sich, soziale Prozesse fern einer individuellen oder kollektiven Artikulation (und damit einer Wortwerdung und folglich Wahrnehmung), zu erkennen und diese als Erkenntnis für die Wissensgewinnung zu nutzen.

3. Vor der Beobachtung

Die Anwendung der Methode der Beobachtung benötigt Klarheit über Struktur und Vorgehen, um den Ansprüchen der wissenschaftlichen Transparenz, Intersubjektivität und Nachvollziehbarkeit zu entsprechen. Dies bedeutet, sowohl die eigene Rolle als auch die Untersuchungssituation zu klären, um in der Umsetzung valide und vertretbare Ergebnisse erzielen zu können.

Die strukturelle Dimension umfasst zwei mögliche Ordnungen von Beobachtungen, die in ihrer Anwendung Klarheit über Möglichkeiten und Unmöglichkeiten vermitteln. Die dabei stattfindende Beobachtung kann somit auf zwei Ebenen durchgeführt werden: Ein/Eine BeobachterIN erster Ordnung kann nur das sehen, was er/sie beobachtet, aber nicht, wie er/sie beobachtet, also in welchem Setting agiert und beobachtet wird. Eine Selbstreflexion schafft zwar die Möglichkeit, die eigene Person zu verorten – und einen entsprechenden Mehrwert zu generieren –, doch der eigene Aktionsrahmen dient der Beobachtungshandlung als Erhebungswerkzeug. Die Überordnung im sozialen Geschehen als BeobachterIN in der Wahrnehmungssituation beschreibt die Beobachtung zweiter Ordnung. Diese Beobachtung zweiter Ordnung umfasst gegebenenfalls auch BeobachterINNEN erster Ordnung. Denn einE BeobachterIN kann sich niemals in stattfindenden Handlungsmustern zur Gänze selbst beobachten oder sich selbst in einen größeren sozialen Bezugsrahmen setzen. Die Beobachtungen zweiter Ordnung umfassen in der Regel größere systematische Perspektiven, daraus folgend sind detailliertere Unterscheidungen von Beobachtungen erster Ordnung oftmals unsichtbar.[18]

Die Beobachtung erster Ordnung von Schulkindern in der Pause passiert im Geschehen dieser zeitlichen Phase, also im Hof oder dem Pausenraum. Der/Die BeobachterIN ist Teil der Dynamik und kann in der Wahrnehmung spezifische Parameter – Gespräche, Spiele, getragene Schmuckstücke etc. – einer Beobachtung unterwerfen. Die Beobachtung zweiter Ordnung könnte diese soziale Situation von einer Vogelperspektive durchführen und dabei das Geschehen als Gesamtes (also den gesamten Hof oder Pausenraum) im Blick haben. Dabei werden gruppenspezifische Dynamiken und Formationen sichtbar, ebenso die Aktion und Reaktion auf Autoritätspersonen, soweit sich diese sichtbar im Raum befinden. Beide Ordnungen der Beobachtung schaffen eine grundlegende Struktur, welche in der Vorbereitung eine adäquate Klarheit für die aufbauenden Designs des Forschungsvorhabens bieten.

Neben dieser Ordnungsstruktur von Beobachtung gilt es weiterführend zu klären, was eine Beobachtung eigentlich ausmacht. Dabei gibt es unterschiedliche Auslegungsarten, Beobachtung zu definieren: „*Beobachtung ist demnach weder nur visuelle Wahrnehmung noch jedwede Wahrnehmung. Wir können unter Beobachtung vielmehr alle Formen der Wahrnehmung unter Bedingungen der Co-Präsenz verstehen: also alle Sinneswahrnehmungen, die sich per Teilnahme erschließen, wobei die Dauer der Teilnahme je nach Forschung variiert (aber nicht ausbleibt). Beobachtung hieße dann die Nutzung der kompletten Körpersensorik des Forschers: das Riechen, Sehen, Hören und Ertasten sozialer Praxis. Doch das ist noch nicht alles. Auch der soziale Sinn des*

18 Reese-Schäfer, Walter, Niklas Luhmann zur Einführung, 4. Aufl. (Hamburg 2001), S. 38;

Forschers, seine Fähigkeiten zu verstehen, zu fokussieren, sich vertraut zu machen, fällt in die ihm zugeschriebene Aufnahmekapazität [...].“[19]

Damit erklärt es sich, „[ ] *daß die Beobachtung insoweit zu einem wissenschaftlichen Verfahren wird, das sie a) einem bestimmten Forschungszweck dient, b) systematisch geplant und nicht dem Zufall überlassen wird, c) systematisch aufgezeichnet und auf allgemeine Urteile bezogen wird, nicht aber eine Sammlung von Merkwürdigkeiten darstellt, und d) wiederholten Prüfungen und Kontrollen hinsichtlich der Gültigkeit, Zuverlässigkeit und Genauigkeit unterworfen wird, gerade so wie alle anderen Beweise.*“[20]

So ist es wenig überraschend, dass die Beobachtung in einer strengen Auslegung anderen Formen der Erhebung ähnelt: „*Das Vorgehen der teilnehmenden Beobachtung korrespondiert mit Verfahren von Diskursanalysen* [...]: *Beide sehen nach dem Entwickeln einer Fragestellung und dem ersten Bestimmen des Forschungsgegenstands den Gang ins Feld und das Erstellen eines Korpus vor. Der Feldzugang erfolgt dadurch hypothesengeleitet und mit einem gewissen Vorverständnis. Feld und Korpus können sehr unterschiedlich sein, bei der Analyse von Sag- und Sichtbarkeitsverhältnissen handelt es sich um Texte und Bilder bzw. deren Beobachtung. Dem Feldzugang, der mit einer Protokollierung der Beobachtung einhergeht, folgen Analyse und Darstellung der Erkenntnisse.*“[21]

19 Scheffer, Thomas, Das Beobachten als sozialwissenschaftliche Methode – Von den Grenzen der Beobachtbarkeit und ihrer methodischen Bearbeitung; in: Schaeffer, Müller-Mundt (Hg.), Qualitative Gesundheits- und Pflegeforschung (Bern 2002), S. 353;

20 Jahoda, Marie, Deutsch, Morton, Cook, Stuart, Beobachtungsverfahren, in: König (Hg.), Beobachtung und Experiment in der Sozialforschung (Köln, Berlin 1972), S. 77;

21 Renggli, Cornelia, Selbstverständlichkeiten zum Ereignis machen: Eine Analyse von Sag- und Sichtbarkeitsverhältnissen nach Foucault (2007), S. 10, in: Forum Qualitative Sozialforschung / Forum: Qualitative Social Research, 8 (2), http://nbn-resolving.de/urn:nbn:de:0114-fqs0702239;

3.1. Die naive und die wissenschaftliche Beobachtung

Daraus ergeben sich zwei grundlegende Zugänge und Aufbereitungsarten der Beobachtung: die naive und die wissenschaftliche Beobachtung:

- die naive Beobachtung ist eine Methode, Gegebenheiten der Umwelt und der Alltagswelt ohne planvolle Organisation wahrzunehmen und diese ohne zuvor erstellten strukturellen Rahmen festzuhalten. Es handelt sich dabei um Momentaufnahmen, die ohne theoretischen Rahmen zum Sachverhalt erfasst werden. Die Verarbeitung dieser Beobachtungsform ist nachvollziehbar dokumentiert, jedoch ergebnisoffen gestaltet.[22] Beispiel: Das Interview mit einer Klientin zur sozialen Situation von alleinerziehenden Frauen findet in der Wohnung der Klientin statt. Beim Eintritt in die Wohnung ergibt sich ein aufschlussreiches Bild, denn die Frau wohnt in einer Kleinwohnung mit vier Kindern und drei Hunden. Das wohnliche Szenario ist auffallend. Die Erstellung eines Beobachtungsprotokolls ergibt sich spontan und enthält hervorstechende Bezugspunkte vor, während und nach dem Gespräch und werden entweder direkt vor Ort oder später als Gedächtnis-Beobachtungsprotokoll notiert. Die Form der naiven Beobachtung ist chancenreich wie fordernd zugleich. Der österreichische Ethnologe Roland Girtler hat zur naiven, beobachtenden Feldforschung ein entsprechendes theoretisches Konzept formuliert, nämlich: *„Im Eigenschaftswort ‚eroepisch' stecken die altgriechischen Wörter ‚Erotema' und ‚Epos'. ‚Erotema' heißt die ‚Frage' beziehungsweise ‚eromai' ‚fragen, befragen und*

22 Vgl. Grümer, Karl-Wilhelm, Beobachtung, Technik der Datensammlung 2, Reihe Studienskripten zur Soziologie (Köln 1974), S. 14;

nachforschen'. Und ‚Epos' bedeutet ‚Erzählung', ‚Nachricht', ‚Kunde', aber auch ‚Göttersspruch', beziehungsweise ‚eipon' ‚erzählen'. [...] *Ein ‚ero-episches' Gespräch ist* [...] *ein sehr eingehendes Gespräch, bei dem beide sich öffnen, der Forscher und sein Gesprächspartner, um in die ‚wahren' Tiefen einer Kultur* [...] *vorzudringen.* [...] *Die Fragen in einem ‚ero-epischen Gespräch' ergeben sich aus dem Gespräch. Es entspricht der Bescheidenheit des wahren Feldforschers, dass er von seinem Gesprächspartner sich leiten lässt, denn er kennt ja die betreffende zu untersuchende Kultur noch nicht oder nur teilweise. Er befindet sich hier im Gegensatz zu der Arroganz der üblichen ‚Interviewer', die ‚genau wissen', was sie zu fragen haben, und sich dabei aufdrängen und dem anderen ihre ‚Wirklichkeit' aufzwingen. Die Fragen im ‚ero-epischen' Gespräch sind also grundsätzlich nicht vorgeplant, wie bei den sogenannten ‚standardisierten Interviews', sondern sie ergeben sich aus der jeweiligen Situation.* [...] *Beim ‚ero-epischen' Gespräch steht der Partner unter keinem Druck des Antwortenmüssens. Die Situation ist eine lockere, in der nicht selten während des Erzählens gegessen und getrunken wird.*"[23] In der Tat lassen sich ero-epischer Zugang und naive Beobachtung zusammenführend verbinden. Diese von Girtler dargelegte Offenheit und Bescheidenheit liegen auch der naiven Beobachtung zugrunde. Die zu beobachtenden Subjekte, Situationen und Organisationen erfahren somit eine möglichst unvoreingenommene und teils auch unvorbereitete Beobachtung. Der Moment darf wirken und jede Aufmerksamkeitserregung hat ihre Richtigkeit.

- Die wissenschaftliche Beobachtung benennt hingegen eine Methodenart, welche sich durch zuvor bestimmte Kategorien einer Struktur unterwirft und dabei ebenso durch Nachvollziehbarkeit charak-

23 Girtler, Roland, Randkulturen, Theorie der Unanständigkeit (Wien, Köln, Weimar 1995), S. 219ff.;

terisiert ist. Diese Form der Beobachtung kann durch Vorbereitung und Planung einem wissenschaftlichen Zweck – Beobachtungszweck – entsprechen und damit einer Forschungsfrage zweckdienliche Daten liefern. Daher sind bei der wissenschaftliche Beobachtung folgende vier grundlegende Fragestellungen zu beachten:

„1) Was ist der Inhalt der Beobachtung?
2) Wie sieht die Umsetzung der Beobachtung aus?
3) Wie wird die Beobachtung dokumentiert?
4) Welchen Einfluss hat der/die BeobachterIN im Forschungs prozess?“[24]

Wie diese Fragen bereits vor Augen führen, ist hierbei eine entsprechende Vorbereitung notwendig, gleichsam die Entwicklung einer Fragestellung erforderlich. Die wissenschaftliche Beobachtung dient – gerade in der Sozialen Arbeit – als eine stabil-nachvollziehbare Methode, durch die durch entsprechende Intensität der Erhebung ausreichendes Datenmaterial für die Antwortfindung auf eine spezifische Fragestellung generiert werden kann. Beispiel: Das Forschungsthema umfasst Segregation in einem geografischen Gebiet. Zur Messung werden Beobachtungen über zwei Wochen an verschiedenen Punkten – Kneipe, Park, Bibliothek, Supermarkt – in definierten Intervallen durchgeführt, wobei Geschlecht, Ethnizität und Alter (nach zuvor definierten groben Zuschreibungen) erhoben werden. Das definierte Setting ist für den gesamten Beobachtungszyklus gleichbleibend, um folglich eine darauf aufbauende Analyse zu den definierten Kriterien erstellen zu können. Der Erziehungswissenschaftler Hans Merkens spezifiziert dazu wie folgt: „*Mit Beobachtung wird eine zielgerichtete, aufmerksa-*

24 Grümer, Karl-Wilhelm, Beobachtung, Technik der Datensammlung 2, Reihe Studienskripten zur Soziologie (Köln 1974), S. 13f.;

me und systematische Wahrnehmung bezeichnet, d. h. wenn beobachtet wird, setzt das auf der Seite des teilnehmenden Beobachters das Vorhandensein eines Rahmenkonzeptes voraus.“[25]

3.2. Die Beobachtung als willentlicher und reflektierter Akt

Sowohl die naive als auch die wissenschaftliche Beobachtungsmethode sind keine Akte der Willkür, sondern Formen der dokumentierten Wahrnehmung von Personen, Situationen und Organisationen. Dies bedeutet, dass die Beobachtung als willentlicher und reflektierter Akt vollzogen werden muss, also der/die BeobachterIN die Szene der Beobachtung benennen und erkennen kann. Sie hat als Methode nur eine Aussagekraft, wenn der Moment als Beobachtungssituation definiert wird und Klarheit für die/den BeobachterIN besteht. Umgekehrt kann nicht jede beliebige Situation post-momentan zu einer Beobachtungssituation gewandelt werden. Eine ero-epische – naive – Beobachtung setzt zumindest voraus, dass man sich in die Rolle des/der BeobachterIN begibt und sich nun – eventuell spontan – in einer Beobachtungssituation befinden wird. Hinzufügend unterliegt jede Beobachtung einem dienlichen Beobachtungszweck.

Selbstverständlich sind Beobachtungen als Methode, aber gleichsam als Mittel zur Umsetzung einer Methode (inter-)subjektive Wahrnehmungen, wobei natürlich die eigene Perspektive auf das Wahrgenommene und Dokumentierte ausschlaggebend ist. Damit fungiert der in der Beobachtung befindliche Mensch mit all seinen subjekti-

25 Merkens, Hans, Teilnehmende Beobachtung, Analyse von Protokollen teilnehmender Beobachter; in: Hoffmeyer-Zlotnik (Hg.), Analyse verbaler Daten. Über den Umgang mit qualitativen Daten (Opladen 1992), S. 217;

ven Prägungen, Einschränkungen und Begabungen als das eigentliche Werkzeug der methodischen Beobachtung. Es ist daher essentiell in der Anwendung der Beobachtung, die persönlichen Zugänge und Hintergründe, welche eine mittelbare und unmittelbare Auswirkung haben, offenzulegen, um dem Anspruch der Transparenz gerecht zu werden. Die eigene Lebenssituation erklärt vorhandene Aufmerksamkeit, (De-)Interessen und phänomenologische Sichtbarkeiten. Somit sind einleitende und gleichsam klarstellende Worte, eine Genese der Beobachtung, also warum und wodurch die Beobachtung zustande gekommen ist, durch welche Perspektive und mit welcher Motivation beobachtet wird, ausschlaggebend. Diese Transparenz des/der BeobachterIN soll dem situativen Charakter der Beobachtung entsprechen, also jene Faktoren der eigenen Identität umfassen, die a) mit Sicherheit, b) wahrscheinlich oder c) möglicherweise Auswirkungen auf die Erhebungssituation gehabt haben. Dies bedingt folgende Dimensionen der einleitenden Transparenz:

1) Wer beobachtet mit welcher Motivation und mit welchem persönlichen Hintergrund?

Leitfragen dabei sind: Welche biografischen Faktoren sind für die Erhebungssituation ausschlaggebend (besteht beispielsweise ein persönlicher Bezug oder Betroffenheit zu den zu beobachtenden Personen, Situationen und Organisationen)? Wie ergibt sich der Zugang zum Feld? Was ist das vorliegende Interesse (beispielsweise persönliches Interesse an dem Thema, fachliches Interesse aufgrund von fachliterarischer Auseinandersetzungen etc.)?

2) Welche Perspektiven müssen/können/dürfen eingenommen werden?

Als Leitfragen dazu dienen: Welche Formen der Beobachtung sind umsetzbar (physisch und psychisch)? Kann ausreichend visuell, auditiv oder olfaktorisch wahrnehmen? Wie sehe ich mich selbst in dieser Beobachtungssituation positioniert? Sind innige oder lose Beziehungen in der Situation gegeben und wie beeinflussen diese die Wahrnehmung? Ist das Erhebungsthema von Interesse, aber gleichzeitig mich an persönliche Grenzen bringend (bin ich aufgeregt oder routiniert in der Situation? Wo sind persönliche Grenzen, die eingehalten werden müssen? Was kann ich persönlich zeitlich leisten, was kann ich an Belastungen der Beobachtung verkraften?

3) Warum wird beobachtet?

Leitfragen dazu lauten: Dient die Erhebung einer wissenschaftlichen Abschlussarbeit oder einem Forschungs- beziehungsweise Publikationsinteresse? Ergaben sich die (naiven) Beobachtungen zufällig und wurden folglich zu einer produktiven Erhebungsmethode oder wurde mit anfänglicher Klarheit die Methode zur Anwendung gebracht?

Mit der Beantwortung dieser drei Fragen wird Klarheit über die Grenzen und Potentiale der Wahrnehmung der/des Beobachterin/Beobachters erst möglich. Zusätzlich können dadurch vorhandene Sichtbarkeiten beziehungsweise Unsichtbarkeiten von Personen, Situationen und Organisationen nachvollziehbar werden.

Sowohl in der naiven als auch in der wissenschaftlichen Beobachtung sind diese Fragen für die weiterfolgende Interpretation und Rezeption zu klären, um eine situative Einschätzung Dritter zu gewährleisten und den emotionalen und biografischen Einflussfaktoren mit Transparenz zu begegnen.

4. In der Beobachtung

4.1. Beobachtungsarten

In der methodischen Umsetzung der Wahrnehmung kann zwischen systematischen und unsystematischen, offenen und verdeckten, teilnehmenden und nicht-teilnehmenden, sowie standardisierten und nicht-standardisierten Beobachtungen unterschieden. Diese beschreibenden Unterteilungen können im Erhebungsprozess permanent oder partiell angewandt werden, ebenso eine Modifikation im Rahmen der Forschungserhebung erfahren.[26]

Die Umsetzungsmethode sollte dem Forschungsvorhaben und den eigenen Möglichkeiten entsprechen und im Besonderen über einen vorbereitenden und aufbereitenden Charakter verfügen. Da sowohl die naive als auch die wissenschaftliche Beobachtung über einen willentlichen Akt bestimmt werden, ist gerade die Klarheit über einen Umsetzungsplan grundlegend.

26 Vgl. Scheffer, Thomas, Das Beobachten als sozialwissenschaftliche Methode – Von den Grenzen der Beobachtbarkeit und ihrer methodischen Bearbeitung; in: Schaeffer, Müller-Mundt (Hg.), Qualitative Gesundheits- und Pflegeforschung (Bern 2002), S. 353; ebenso: Halbmayer, Ernst, Salat, Jana, Qualitative Methoden der Kultur- und Sozialanthropologie; in: https://www.univie.ac.at/ksa/elearning/cp/qualitative/qualitative-titel.html (9/2019);

Die systematische (strukturierte) Beobachtung:
Der systematischen (strukturierten) Beobachtung liegt ein System zugrunde, welches vorab nach festgelegten Kriterien des Forschungsinteresses definiert wird. Dies können beliebige Referenzpunkte der Beobachtung sein, die aufgrund eines systematischen Schemas entsprechende Dokumentation erfahren. Es werden also Richtlinien der Beobachtung erstellt, welche für alle BeobachterINNEN zu gelten haben. Diese Richtlinien können Stichworte oder Fragestellungen, Ortsangaben, soziale Dynamiken etc. umfassen und dabei über grob- bis feinteilige Parameter verfügen. Die Struktur muss jedenfalls den Fähigkeiten der Beobachterin beziehungsweise des Beobachters entsprechen und eine realistische Abwägung im Vorfeld erfahren. Der Vorteil dieser Beobachtungsart liegt in der methodischen Transparenz und damit in der Klarheit für den/die BeobachterIN betreffend Ausführung sowie Interpretation von Beobachtungsdaten in der Auswertung. Folglich ergibt sich aus dieser systematischen Struktur eine Nachvollziehbarkeit, weswegen erhobene Daten gerade hinsichtlich einer Vergleichbarkeit besondere Reliabilität genießen.

So können beispielsweise die Kontaktaufnahmen von Jugendlichen in einem Jugendzentrum für eine bestimmte Zeit und in einem eingegrenzten Raum der systematischen (strukturierten) Beobachtung unterworfen werfen. Es ist dabei ausschlaggebend, den Rahmen einer Forschungsfrage einer Struktur zuzuführen und so beispielsweise Zeitrahmen, Ort und Arten des Kontakts (Augenkontakt, verbale Kommunikation, Berührung etc.) sowie Bezugspunkte der zu Beobachtenden (Alter, Geschlecht, Ethnie etc.) – also Relevanzsysteme – zu definieren. Die Details dieser Struktur können sich in jegliche unbegrenzt aufgliedern, wobei diese der Beobachtungsfähigkeit des Subjekts entsprechend sollten. Eine Einzelperson kann anhand überschaubarer Parameter somit nur eine beschränkte Anzahl von Personen in einem definierten Zeitrahmen und in einer räumlichen Beschränkung realistisch beobachten und dokumentieren. Eine Gruppe von BeobachterINNEN kann hingegen die Grenzen von Raum, Zeit, Personen und Parametern der Beobachtung entsprechend erweitern.

Die unsystematische (unstrukturierte) Beobachtung:
Bei der unsystematischen (unstrukturierten) Beobachtungsweise werden keine Richtlinien bezüglich der Beobachtung formuliert. Es handelt sich um ein offenes Verfahren, welches sehr wohl entsprechende Vorgaben der Durchführung aufweisen kann. Diese Form der Beobachtung lässt entsprechende Freiheiten für die Beobachtung an sich und hat somit den Vorteil, den Situationen angepasst angewandt werden zu können.

Die damit gewonnene Freiheit ermöglicht eine breite Wahrnehmung vorhandener Systeme und gibt Flexibilität in den Situationen. Es kann ohne das Korsett einer Richtlinie beobachtet und aufgezeichnet werden. Die erhobenen Daten weisen jedoch entsprechende Schwierigkeiten in einer vergleichenden Interpretation auf, da je nach Beobachtungssetting andere Auffälligkeiten beobachtet und dokumentiert wurden. Die unsystematische (unstrukturierte) Beobachtung kann damit als eine naive Form bezeichnet werden, wobei sich die Situationen ergeben oder geplant werden können. Eine sich ergebende Situation erweist sich im Moment als eine ergiebige Möglichkeit, situative Momente wahrzunehmen. Dies kann im Rahmen einer bereits stattfindenden Erhebung (wie beispielsweise qualitatives Interview etc.) passieren oder aufgrund einer sich ergebenden Folgesituation (wie beispielsweise einer spontanen Einladung etc.).

So können beispielsweise einmalige Veranstaltungen der unsystematischen (unstrukturierten) Beobachtung unterzogen werden, da eventuell eine weitreichende Vorbereitung unmöglich gemacht wird. Vor Ort muss mit entsprechender Kompetenz den vorhandenen Beobachtungsmöglichkeit entsprochen werden. Die Einmaligkeit der Situation macht systematische Parameter sinnlos, da keine Vergleiche gebildet werden sollen. Ebenso ist das Erhebungsvorhaben dem Ziel gewidmet, den situativen Charakter der Veranstaltung widerzuspiegeln und eben keine analytisch-numerischen Determinanten zu benennen.

Eine besondere Dokumentation umfasst das gedankliche Situationsprotokoll, welches der Situation folgend – also danach – erstellt wird. Die erlebte Situation wird in einem vorhandenen Bewusstsein aufgesucht, aber ihr wird eben in gleichsam unsystematischer (unstrukturierter) Weise begegnet und im Anschluss wird gedanklich rekonstruierend protokolliert.

Die teilnehmende Beobachtung:

Der methodische Zugang der teilnehmenden Beobachtung zeichnet sich durch die persönliche (An-)Teilnahme des/der Forschers/Forscherin aus, welcheR an den Momenten und Situationen der zu Beobachtenden aktiv oder passiv teilnimmt. „*Dabei ist die Annahme leitend, dass durch die Teilnahme an face-to-face-Interaktionen bzw. die unmittelbare Erfahrung von Situationen Aspekte des Handelns und Denkens beobachtbar werden, die in Gesprächen und Dokumenten – gleich welcher Art – über diese Interaktionen bzw. Situationen nicht zugänglich wären.* [... So] *kann man von teilnehmender Beobachtung als einer eigenständigen Methodologie der qualitativen Sozialforschung sprechen.*“[27] Daraus ergeben sich zwei Möglichkeiten: Die teilnehmende Rolle kann aktiv – also teilnehmend, aber nicht maßgeblich einflussnehmend am Geschehen – oder passiv – als Bestandteil des Geschehens – wahrgenommen werden. Man selbst ist dabei als Person und eventuell auch in der Rolle als ForscherIN erkennbar. Meine situative Präsenz bei Personen, in Situationen und Organisationen wird erlebbar und eventuell gleichsam lesbar. Dies bedeutet unweigerlich eine Einflussnahme auf

27 Lüders, Christian, Teilnehmende Beobachtung; in: Bohnsack, Marotzki, Meuser (Hg.), Hauptbegriffe Qualitativer Sozialforschung (Opladen 2001), S. 151;

den Erhebungsmoment, wodurch sich zumeist unmessbare Veränderungen auf Personen, in Situationen und für Organisationen ergeben.

Bei der teilnehmenden Beobachtung handelt sich also um eine involvierte beziehungsweise im Forschungsgeschehen partizipierende, wahrnehmende Beobachtung, welche den/die ForscherIN ebenso erfasst wie die Personen, Situationen und Organisationen, die einer Beobachtung unterzogen werden.

So ist beispielsweise die aktive Teilnahme an einer Parade für den Zweck der Beobachtung (ohne sich mit den Menschen vor Ort in Gespräche zu vertiefen) ein teilnehmender Prozess am sozialen Geschehen und damit – mehr oder minder – einflussnehmend. Der/Die BeobachterIN wird als ProtagonistIN und/oder als ForscherIN wahrgenommen und in dieser Wahrnehmung von Dritten ein teilnehmendes Element der sozialen Dynamik. Dies kann auf mehreren Ebenen das Umfeld irritieren, wenn entsprechende Handlungen der Gruppe – das Schwingen einer Fahne oder die aktivistische Teilnahme an Sprechchören – nicht mitgemacht werden. Ebenso kann das Erstellen einer Dokumentation befremdlich wirken und Menschen ein Gefühl der Kontrolle vermitteln. Wird weitreichend aktiv teilgenommen um die Beobachtung zu verschleiern, so besteht die Gefahr, zu viel Aufmerksamkeit auf eine situative Assimilation zu verwenden, wodurch entsprechende Ressourcen für eine Erhebung fehlen können.

Die nicht-teilnehmende Beobachtung:

Die nicht-teilnehmende Beobachtung lässt eine Beobachtung für die zu Beobachtenden nicht erkennen. Diese Form der Beobachtung befindet sich auf einer übergeordneten oder im Hintergrund befindlichen Ebene. Es können Personen, Situationen und Organisationen wahrgenommen werden, wobei der/die BeobachterIN nicht offenkundig als Teil der vorhandenen Dynamik in Erscheinung tritt und Anteil am Geschehen nimmt. Hierbei bleibt der Mensch als beobachtendes Subjekt für Dritte verborgen.

Die Vorzüge der nicht-teilnehmenden Beobachtung spiegeln sich in der Kritik der teilnehmenden Beobachtung wider: „[...] *in allen Phasen mit dem Problem der begrenzten Perspektive im* [teilnehmenden] *Beobachten konfrontiert, da nicht alle Aspekte einer Situation gleichzeitig erfasst (und notiert) werden können.*“[28] Diese Kritik des Sozialforschers Uwe Flick offenbart die Vorzüge der nicht-teilnehmenden Beobachtung: Die Möglichkeit der Erfassung ist durch die nicht-teilnehmende Beobachtung größer, da die Beobachtung außerhalb der sozialen Dynamik und damit in den eigenen – vorbereiteten – Strukturen erfolgen kann.

Hierbei kann die bereits zuvor erwähnte Parade aus nicht-teilnehmender Perspektive entsprechendes Potential für eine analysierende Beobachtung einräumen, um die Zusammensetzung der Kundgebung, die Anzahl der Personen, genannte Themen in den Reden oder Inhalte der Sprechchöre aufzuzeichnen. Diese Form der Beobachtung kann von einer erhöhten Perspektive – von einem Wohnungsfenster aus – vollzogen werden, ohne Anteil am Geschehen zu nehmen oder auffällig zu wirken.

Die offene und die verdeckte Beobachtung:

Die Form der offenen und verdeckten Beobachtung ergibt sich situationsbedingt. In manchen Kontexten der teilnehmenden Beobachtung ist die Rolle des/der BeobachterIN unauffällig und kann daher auch verdeckt erfolgen. In anderen Kontexten ist die verdeckte teilnehmende Beobachtung unmöglich, weswegen der offene Zugang zwangsläufig notwendig ist. Die zutreffende Kategorisierung betreffend der offenen oder verdeckten Beobachtung muss auf die erhebenden Personen,

28 Flick, Uwe, Qualitative Forschung, Theorie, Methoden, Anwendung in Psychologie und Sozialwissenschaften (Hamburg 1996), S. 159;

Situationen und Organisationen referenzieren, also klarstellen, ob der/die BeobachterIN wahrgenommen wird oder eben nicht.

So können beispielsweise teilnehmende, verdeckte Beobachtungen in einem Opernhaus möglich sein, da der Kunstgenuss von Einzelpersonen unauffällig ist und die Rolle als BeobachterIN nicht auffallen muss. Dies gilt gleichermaßen für die nicht-teilnehmende, verdeckte Beobachtung von Straßenzügen oder Plätzen aus einer erhöhten Perspektive. Die Beobachtung von Straßenzügen oder von Plätzen auf ebenerdiger Ebene und in Sichtweite kann sich von einer verdeckten und nicht-teilnehmenden Beobachtung zu einer offenen, teilnehmenden Beobachtung wandeln, sobald die Beobachtung offensichtlich passiert und kurz- bis mittelfristig auch von den zu Beobachtenden als Beobachtungssituation erkennbar wird.

Die direkte und die indirekte Beobachtung:
Dem hinzufügend gilt es die direkte oder indirekte Beobachtung zu kategorisieren, also jene Formen der Beobachtung, die eine direkte Teilnahme des/der BeobachterIN oder eben eine indirekte Teilnahme umfassen. Die indirekte Teilnahme des/der BeobachterIN geschieht dabei über technische Medien beziehungsweise Konstruktionen (z. B. Videokameras, Audioübertragung, Spiegelwand etc.).

Die standardisierte und die nicht-standardisierte Beobachtung:
In der methodischen Beobachtung eines standardisierten beziehungsweise eines nicht-standardisierten Verfahrens werden – strenger als in der systematischen und nicht-systematischen Beobachtungen – die Beobachtungsschemata kategorial festgelegt. Hierbei sind klare Faktoren zu beobachten und zu dokumentieren, wie beispielsweise Personenanzahl, Geschlechterverhältnisse, religiöse Symbole etc. In dieser Verfahrensweise sind standardisierte Protokolle vorgesehen, welche klare Beobachtungsanforderungen nennen und eine vergleichbare

Dokumentation ermöglichen. Die Standardisierung muss den Rahmen der Beobachtungsinterpretation möglichst gering wählen und die Beobachtungsfaktoren weitreichend klar benennen, sodass sich ein Standard definieren lässt.

Dies kann beispielsweise in der standardisierten Beobachtung eines Schulhofes in der Pause bedeuten, Kinder und ihre Bekleidung zu dokumentieren, wie etwas das Tragen beziehungsweise nicht Vorhandensein von Mützen, Handschuhen und Winterjacken.

Die Klassifikationen der Beobachtungen dienen einer methodischen Abgrenzung und können in den Umsetzungsformen konzeptuell ineinandergreifen. Gleichsam können sich Verfahrensweisen im Laufe der Erhebung verändern, wenn beispielsweise die verdeckte Beobachtung sich durch situative Zufälle zu einer offenen wandelt. Ebenso sind die Klassifikationen der Beobachtung sowohl für die naive als auch für die wissenschaftliche Beobachtung zutreffend und zu berücksichtigen.

4.2. Gesprächsbeobachtung und Beobachtungswahrnehmung

Für die Soziale Arbeit ergeben sich des Weiteren zwei Vertiefungen, nämlich jene der Gesprächsbeobachtung und der Beobachtungswahrnehmung (z. B. Beobachtungsgespräch).

Die Gesprächsbeobachtung beschreibt eine hinzuzufügende Dimension einer bereits stattfindenden Forschungssituation. Oftmals ergeben sich im Laufe von Erhebungen dokumentationswürdige Situationen, welche im Rahmen von Gesprächsbeobachtungen eine Dokumentation erfahren sollten. Hierbei geschieht die Beobachtung additiv, während eine andere Methode zur Anwendung gelangt. So lassen sich beispielsweise im Zuge einer qualitativen Erhebung situative Stimmungslagen, welche verbal nicht zum Ausdruck kommen, anhand einer Gesprächsbeobachtung verschriftlichen. Gerade Aufnahmegeräte mit einer präzisen Zeitangabe ermöglichen die Zuordnung notierter Beobachtungen zu einer entsprechenden Audio-Sequenz.

Die Beobachtungswahrnehmung (z. B. Beobachtungsgespräch) umfasst in einem breiten, methodologischen Verständnis von Beobachtung audio-visuelle, sensorische und olfaktorische Wahrnehmungen. Diese Form der Beobachtung kann jegliche Eindrücke einer Person, Situation oder Organisation umfassen, genauso aber räumliche Dimensionen wie Enge beschreiben und damit einige – für manche Bereiche – elementare Hinweise liefern. Die Beobachtungswahrnehmung dient zur Felderschließung und kann dabei Hinweise auf Elementares beziehungsweise Spezifisches betreffend Personen, Situationen oder Organisationen liefern. Hierzu zählen beispielsweise Beschreibungen von Lebensumständen, Besonderheiten von Personengruppen, räumliche Widrigkeiten oder soziale Besonderheiten etc.

Während die Gesprächsbeobachtung während einer Erhebung erstellt wird, stellt die Beobachtungswahrnehmung (Beobachtungsgespräch) ein prä und post-momentanes Format dar, welches für Detailerhebungen genutzt werden kann. Das Beobachtungsgespräch stellt eine weitgefächerte Möglichkeit sowie ein Spezifikum der Beobachtungswahrnehmung dar und kann dazu dienen, vor beziehungsweise nach Erhebungssituationen in Form von protokollarischen Notizen spezifische Fragestellungen zu klären, die für eine Rahmensetzung der Person, Situation oder Organisation notwendig erscheinen. Hierbei können durch Notizen das Gesagte der zu beobachtenden Personen notiert wie auch entsprechende Reaktionen protokolliert werden. Ein Beobachtungsgespräch wird demnach im Vorfeld oder in der Nachbearbeitung einer Erhebung zur Anwendung gebracht. Im Vorfeld können dabei notwendige Informationen eingeholt werden, um folgend eine entsprechende Vorbereitung für eine tiefergehende Erhebung zu bewerkstelligen. In der nachfolgenden Bearbeitung dient das Beobachtungsgespräch für die Abklärung offener oder gar strittiger Fragen, die im Verlauf einer Auswertung aufgefallen sind. Hierbei können die Antworten – oder die Verweigerung von Antworten – und gleichsam sichtbare Reaktionen der beobachteten Personen aufschlussreich sein.

4.3. Die Rolle des/der BeobachterIN

Der/Die BeobachterIN in der Sozialen Arbeit agiert in seinem/ihrem wissenschaftlichen Handeln in den gegebenen Lebenswelten des Alltags oder in den spezifischen Dimensionen von Individuen. Es handelt sich dabei um die Wahrnehmungswelt der zu Beobachtenden, die jederzeit als natürlich und selbstverständlich wahrgenommen werden soll. Sie existiert mit all ihren Gliederungen und Regeln, Normen und Verständnissen und beinhaltet Orte, Personen, aber auch Praktiken, die dem Individuum selbst bekannt oder fremd, bequem oder unbequem erscheinen mögen. *„Die Lebenswelt, in ihrer Totalität als Natur- und Sozialwelt verstanden, ist sowohl der Schauplatz als auch das Zielgebiet meines und unseres wechselseitigen Handeln.* […] *Wir handeln und wirken folglich nicht nur innerhalb der Lebenswelt, sondern auch auf sie zu. Unsere leiblichen Begegnungen greifen in die Lebenswelt ein und verändern ihre Gegenstände und deren wechselseitige Beziehungen.“*[29] Dabei fußen die Handlungsspielräume der Individuen auf den eige-

29 Schütz, Alfred, Luckmann, Thomas, Strukturen der Lebenswelt, 2., überarb. Aufl. (Konstanz, München 2017), S. 32;

nen und vermittelten Erfahrungen und erlangen dadurch eine lebensweltliche Auslegung und Zuordenbarkeit.[30]

Dieses Verständnis einer Lebenswelt gilt sowohl für den/die BeobachterIN als auch für die zu beobachtenden Individuen.

Das Erkennen einer sozialen Logik stellt in der Methode der Beobachtung eine der zentralen Herausforderungen und die bedeutendste Wichtigkeit dar, denn in diesem Erkennen liegen die Antworten für das individuelle und kollektive Handeln. Diese Logik offenbart sich zwar permanent in den Beobachtungen, doch lassen diese nicht zwangsläufig eine unmittelbar nachvollziehbare Struktur erkennen.

> „*Für jedermann ist auch die Sozialwelt als ein Ordnungssystem mit bestimmten Verhaltenskonstanten erlebbar, wiewohl seine Auffassungsperspektiven, seine subjektiven Auslegungen der gesellschaftlichen Ordnung von seinem Standort abhängen, der ihm teils auferlegt, teils aus der biografischen Kette seiner Entscheidungen bestimmt ist – aber wiederum in einer Weise, die mir prinzipiell ‚verstehbar' ist.*"[31]

Zudem sind Handlungen gleichsam von dauerhaften und mittel- bis kurzfristigen Auslegungen beeinflusst, die im stattfindenden Moment eine sinnvolle Handlungsweise darstellen können, aber unter anderen Umständen und zu anderen Zeitpunkten diese Logik wieder verlieren. Auch dies trifft für beide – BeobachterIN und die zu Beobachtenden – zu. Die eigene Motivation, eine Forschungshandlung zu setzen, ist ebenso dem vorhandenen Ordnungssystem zuzuschreiben wie die Motivation gesetzter Handlungsweisen von Personen, in Situationen und bei Organisationen.

---

30 Vgl. Schütz, Alfred, Luckmann, Thomas, Strukturen der Lebenswelt, 2., überarb. Aufl. (Konstanz, München 2017), S. 29ff.;

31 Schütz, Alfred, Luckmann, Thomas, Strukturen der Lebenswelt, 2., überarb. Aufl. (Konstanz, München 2017), S. 47;

Für die BeobachterIN gilt hinzufügend, dass die getätigte Beobachtung erneut aus dem eigenen Verständnis heraus vollzogen wird und damit die gewonnenen Daten nach eigenen Kriterien gewürdigt werden. Die unerlässlich intersubjektive Haltung kann nur dann gewonnen werden, wenn die Beobachtung und die Interpretation den Regeln einer Transparenz und Nachvollziehbarkeit folgen.

Der Soziologe Erving Goffman benennt die substantiellen und zeremoniellen Regeln als zu beachtende Notwendigkeit einer Beachtung: „*A substantive rule is one which guides conducts in regard to matters felt to have significance in their own right, apart from what the infraction or maintenance of the rule expresses about the selves of the persons involved.*“[32] Solche substantiellen Regeln, welche ihre Bedeutung in sich tragen, sind beispielsweise Gesetze.

> „*A ceremonial rule is one which guides conduct in matters felt to have secondary or even no significance in their own right, having their primary importance – officially anyway – as a conventionalized means of communication by which the individual expresses his character or conveys his appreciation of the other participants in the situation.*“[33]

Diese zeremoniellen Regeln sind von sozialer Bedeutung für eine solide Vertrauensbildung und haben zwei Facetten: Goffman unterscheidet zwischen ‚deferences', also Symbole des Respekts und der Achtung (beispielsweise entsprechende Rituale wie eine Begrüßung), und

32 Goffman, Erving, The Nature of Deference and Demeanor; in: American Anthropologist, New Series, Vol. 58, Nr. 3 (1956), S. 476, https://www.jstor.org/stable/665279;

33 Goffman, Erving, The Nature of Deference and Demeanor; in: American Anthropologist, New Series, Vol. 58, Nr. 3 (1956), S. 476, https://www.jstor.org/stable/665279;

‚demeanor', also sozialen Qualitäten, die vom Gegenüber als angemessen gelesen werden können und somit eine vertrauenswürdige Erscheinung vermitteln (wie beispielsweise Etikette oder Bekleidung).[34] Sowohl die Beachtung von Transparenz und Nachvollziehbarkeit als WissenschaftlerIN als auch die Befolgung substantieller und zeremonieller Regeln als BeobachterIN sind in den forschenden Handlungen unerlässlich. Sie sind neben der milieuspezifischen Etikette vor allem Garant für einen respektvollen Forschungsprozess. Die Rolle des/der BeobachterIN ist zumeist auch von der Gnade der zu Beobachtenden abhängig. Ganz gewiss jedoch liegt in der Rolle des/der BeobachterIN entsprechende Verantwortung für die Beschaffung der situativen Momente sowohl in der wissenschaftlichen als auch in der naiven Beobachtung.

4.4. Kriterien der Beobachtung

In der kritischen Reflexion einer verantwortungsvollen und substantiellen Beobachtung ergeben sich mehrere unverzichtbare Notwendigkeiten, die es in der Haltung als WissenschaftlerIN und BeobachterIN zu beachten gilt:

Wertfreiheit

Der/Die BeobachterIN ist der Wertfreiheit verpflichtet und damit in der Verantwortung zur Wahrung einer intersubjektiven Position. Eigene Moralvorstellungen, aber auch ethische Grundsätze benötigen ein aktives Erkennen, um den Forschungsprozess nicht zu beeinflussen oder gar zu gefährden. Gleichsam sind Beobachtungen in Form neutraler

34 Vgl. Goffman, Ervin, The Nature of Deference and Demeanor, in: American Anthropologist, New Series, Vol. 58, Nr. 3 (1956), S. 477ff., https://www.jstor.org/stable/665279;

Wahrnehmungen umzusetzen, also Interventionen (wie beispielsweise sozialarbeiterische Interventionen) im Beobachtungsprozess zu vermeiden, dennoch die eigenen Handlungen einer professionellen Empathie zu unterwerfen. Professionelle Empathie bedeutet dabei, als Person für Dritte authentisch und kongruent erlebbar zu sein und dennoch die Privatsphäre dem eigenen Maßstab entsprechend zu schützen. Dies gilt nicht nur im Erhebungsprozess, sondern gleichsam im Umgang mit Erhebungsergebnissen und deren Interpretation sowie Präsentation.

Verantwortung

Der/Die BeobachterIN trägt die Verantwortung im und für den Forschungsprozess. Dies gilt sowohl für die Auslegung der Beobachtungsrolle – ebenso für die eigene Positionierung im Feld – als auch für die Dokumentation der Beobachtung. Diese Verantwortlichkeit umfasst praktische Fragen der Umsetzung, wie aktive Teilnahme (z. B. Alkoholkonsum, körperliche Nähe etc.) oder Grenzen des Beobachtbaren (z. B. kann in Kontakt getreten werden oder ist die Ablenkung zu groß, ab welchem Punkt muss abgebrochen werden etc.). Die Verantwortung betrifft die eigene Person wie auch situative Momente, die eine Handlungsaufforderung beinhalten. Keinesfalls darf die Neugier auf Erkenntnisse zur Gefährdung der eigenen oder von fremden Personen führen noch dürfen persönliche Grenzen der Integrität überschritten werden. Diese Verantwortung ist insofern schwerwiegend, da Beobachtungen im Rahmen sozialer Interaktionen durchgeführt werden und damit immer unvorhergesehene Aspekte auftreten können. Der/Die BeobachterIN hat in der reflektierten Position nicht nur erhöhte Aufmerksamkeit, sondern eventuell auch eine geschärfte Wahrnehmung für Gefahren.

Respekt

Der/Die BeobachterIN hat auf respektvolle Handlungen zu achten. Das Eindringen in eine Lebenswelt – die Annäherung an Personen, Situationen und Organisationen – trägt stets eine Intimität in sich. Dies bedeutet auch, dass unangenehme Momente im Raum stehen können, die in der respektvollen Verantwortung des/der BeobachterIN liegen. So gilt es abzuschätzen, welche Handlungen, Aussagen und Aktionen möglich oder eben unvereinbar und unmöglich erscheinen. Der Maßstab von Respekt muss dabei zweidimensional zur Anwendung gelangen: einerseits Respekt als BeobachterIN anhand ethischer Grundsätze einer Profession der Sozialen Arbeit und andererseits Respekt im Maßstab der vorherrschenden Kultur. Dies umfasst sowohl den Einstieg, die Durchführung als auch den Ausstieg aus einer Forschungshandlung. Gleichsam ist in der Bearbeitung, Interpretation und Dissemination eine respektvolle Vorgehens- und Ausdrucksweise maßgeblich. Die Beobachtung kann den Anschein bei dem/der BeobachterIN wecken, als gleich unter Gleichen zu gelten. Alleine die Tatsache, im sozialen Gefüge des Feldes über eine andere Motivation zu verfügen – also einem Erhebungswunsch nachzukommen –, differenziert die Rolle als BeobachterIN a priori.

Datenschutz/Verschwiegenheit

Der/Die BeobachterIN muss sich dem Datenschutz und der Verschwiegenheit verpflichten. Personen, Situationen und Organisationen können die Momente der Beobachtung – auch wenn selbst nicht als solches wahrgenommen – als unangenehm, unangemessen oder anstößig empfinden oder klassifizieren. Diese Momente dürfen niemals in der Bearbeitung, Speicherung und Verarbeitung Rückschlüsse auf Personen, Situationen und Organisationen ermöglichen. Die Bearbeitung, Speicherung und Verarbeitung muss auf einer Ebene erfolgen, auf der die Rechte der Individuen – als Einzelpersonen oder Gruppe – gewahrt bleiben. Dies kann Situationen und auch Organisationen umfassen, wenn diese Momente Rückschlüsse auf Individuen – als Personen oder zu identifizierende Gruppe – ermöglichen.

Die Verschwiegenheit des/der BeobachterIN bedeutet im Besonderen, Beobachtungen von Personen, Situationen und Organisationen nur auf entrückter Ebene in der privaten als auch der professionellen Erzählung darzustellen, wenn keine explizite Einwilligung zur Verwendung personenbezogener Daten vorliegt. Dies bedeutet ebenfalls, dass selbst die Kenntnis über eine Person als sensibel zu betrachten ist und eventuell von einer Begrüßung im Alltag Abstand genommen werden muss. Themen wie Sexualität, Sucht, Abhängigkeit oder auch Krankheit etc. können eine äußerst intime Sphäre betreffen und einen entsprechenden Wunsch nach Anonymität mit sich bringen.

Nachvollziehbarkeit und Wahrheitstreue

Der/Die BeobachterIN ist in der Verantwortung, die erhobenen Daten nachvollziehbar und wahrheitsgemäß zu dokumentieren. Dies bedeutet, Personen, Situationen und Organisationen der Wahrnehmung entsprechend darzustellen. Der Abbruch von Situationen oder das Fehlen von Details darf nicht dazu führen, Interpretationen vorzunehmen oder Annahmen über nicht vorhandene Momente zu kreieren. Situative Stimmungslagen des/der BeobachterIN sind als solche kenntlich zu machen und können sich selbstverständlich in Beobachtungen wiederfinden.

Die Nachvollziehbarkeit der Beobachtung kann sich dabei im Spannungsfeld zwischen Datenschutz beziehungsweise Verschwiegenheit und Transparenz befinden. Hierbei können Kodierungen helfen, valide Dokumentationen zu erstellen, jedoch die Wahrheitstreue und Nachvollziehbarkeit sicher anonymisiert beziehungsweise abstrahiert darzulegen.

Transparenz

Der/Die BeobachterIN hat in seinen/ihren wissenschaftlichen Handlungen den Notwendigkeiten einer größtmöglichen Transparenz zu folgen. Dies umfasst sowohl die Darstellung der eigenen Verortung, den Zugang zur Methode als auch im Besonderen die ordnungsgemäße Dokumentation von Beobachtungen. Es gilt dabei gleichsam, eigene und fremde Leistungen im Prozess zu benennen beziehungsweise diese in der Verarbeitung kenntlich zu machen. Erhebungs- und Beobachtungsabbrüche, welche in der Tat zu einem situativen Ende oder im Rahmen einer Amtshandlung zu einer situativen Veränderung führen, sind ebenso als solche darzulegen.

Diese sechs Kriterien der Beobachtung sind jeglicher Form der Beobachtung zugrunde liegend und Bestandteil eines professionellen Rahmens. Es sind Kriterien, die nicht nur wissenschaftliche Standards, sondern im Besonderen ethische Dimensionen einer Profession der Sozialen Arbeit widerspiegeln. Hinzufügend geben diese Kriterien dem/der BeobachterIN notwendige Klarheit darüber, ob die Beobachtung als Methodenwahl verlässliche Ergebnisse liefern kann – also ad personam eine Umsetzung denkbar erscheint – oder ob nicht die Wahl einer anderen Erhebungsart oder auch die Kombination verschiedener Methoden sinnvoller wäre.

4.5. Wiederholung und/oder Fokussierung

Für die Validität von Datenmaterial ist es essentiell in der Beobachtung, die Prozessfestlegung, also das Verfahren der Datengewinnung, zu formulieren. Hierbei sind zwei Zugänge in der Umsetzung möglich, nämlich die Wiederholung von Beobachtungen oder deren Fokussierung. Durch die Wiederholung von Beobachtungen können Prozesse und Variationen erkennbar werden und somit Muster offenkundig zu Tage treten. Es sind dabei periodisch wiederkehrende (wiederholende) Beobachtungsmomente, die einem Erhebungsprozess unterworfen werden.

> *„Es ist die Fähigkeit reflexiver Beobachtung, Positionen entlang ablaufender Wissensprozesse und praktischer Zusammenhänge zu variieren, die Vorteile gegenüber standardisierten, festen Beobachtungsposten (von Menschen oder Apparaten) bereithält. Es lässt sich per Spurensuche aufschlüsseln, wie Situationen zusammenhängen, oder allgemeiner: was woran anschließt, was worauf aufbaut und was wie zueinander in Beziehung steht. Die Beobachtung verlässt hier die reine Situationsanalyse und verkoppelt sie mit der Analyse von Prozessen und Verfahren, die durch mehr oder weniger methodisch aufgereihte Begegnungen und Verrichtungen entfaltet werden.“*[35]

Diese wiederholenden Beobachtungen geben somit primär Aufschluss über Prozesse und Verfahren, sie können Dynamiken aufzeichnen und als Material einer Analyse dienen. Der/Die BeobachterIN muss für wiederholende Beobachtungen in der Lage sein, entsprechende Strukturen für die Wiederholung zu etablieren, oder eine situative Planbarkeit voraussetzen können. Die Kriterien der Beobachtung sind dabei essentielle Faktoren einer Wiederholung, also unverzichtbar.

Mit der Fokussierung wird eine zweite mögliche Schwerpunktsetzung gewählt, um methodisch nachvollziehbar zu erheben. Hierbei nennt Scheffer vier Schwerpunkte, nämlich jene der thematischen, zeitlichen, räumlichen oder personalen Fokussierung. Wie die Bezeichnungen bereits offenbaren, haben thematische Fokussierungen eine Themenstellung als Beobachtungsschwerpunkt. Dies können spezielle Abläufe oder Handlungsweisen sein, die einer Beobachtung unterworfen werden (z. B. das Thema menschliche Annäherungen in einer Bar). Die zeitliche Fokussierung bezieht sich auf temporäre Abläufe

35 Scheffer, Thomas, Das Beobachten als sozialwissenschaftliche Methode – Von den Grenzen der Beobachtbarkeit und ihrer methodischen Bearbeitung; in: Schaeffer, Müller-Mundt (Hg.), Qualitative Gesundheits- und Pflegeforschung (Bern 2002), S. 359;

beziehungsweise Sequenzen, die einer Analyse unterzogen werden (wie beispielsweise die Eröffnungssequenz einer Lehrveranstaltung). Die räumliche Fokussierung umfasst geografische und raumgebende Beobachtungen, die sowohl geschlossene als auch offene Formate beinhalten können (wie beispielsweise die Beobachtung eines speziellen Punktes einer Parkanlage). Die personale Fokussierung richtet die Aufmerksamkeit auf Protagonistinnen und Protagonisten, deren Handlungsweisen aufgrund der Beobachtung sichtbar und nachvollziehbar werden (z. B. die Beobachtung von Patientinnen und Patienten im Krankenhauskontext).[36]

Der Fokus auf ein Thema hat zur Folge, dass Klarheit in der Themenwahl für den/die BeobachterIN bestehen muss. Der zeitliche Fokus bedeutet, dass die sequentielle Dynamik bekannt sein muss oder es Zeitmomente zu erwarten gibt, die eine Beobachtung bedingen. Die räumliche Fokussierung fordert den/die BeobachterIN, Grenzen des Beobachtungsraumes zu ziehen, und schließlich fordert die personale Fokussierung den/die BeobachterIN in der zwischenmenschlichen Dynamik der Situation.

Wiederholung wie auch Fokussierung schaffen Klarheit über den Rahmen der Beobachtung – also in der Planung des Beobachtungsaufwandes – und können dabei durchaus ineinandergreifen. Einer Gefahr der zerfließenden Beobachtung – also dem Fehlen entsprechender Schwerpunkte – kann genau mit dieser Bestimmung und Schaffung eines wiederholenden oder fokussierenden Beobachtungsprozesses entgegengewirkt werden.

36 Vgl. Scheffer, Thomas, Das Beobachten als sozialwissenschaftliche Methode – Von den Grenzen der Beobachtbarkeit und ihrer methodischen Bearbeitung; in: Schaeffer, Müller-Mundt (Hg.), Qualitative Gesundheits- und Pflegeforschung (Bern 2002), S. 359f.;

5. Mit der Beobachtung

Die Dokumentationen von Beobachtungssituationen unterscheiden sich je nach BeobachterIN und Profession weitreichend in Aufbau, Detailgrad und Struktur. In der Tat muss die Dokumentation in Form von Protokollen, Notizen oder Dateien den zuvor beschriebenen Rahmenbedingungen entsprechen und eine eigene Verarbeitung ermöglichen, um einer kritischen Nachvollziehbarkeit von Dritten standzuhalten.

Die Sozialpädagoginnen Rebekka Streck, Ursula Unterkofler und Anja Reinecke-Terner stellen im Resümee ihrer eigenen methodischen Handlungen fest:

> *„So konnten wir anschaulich machen, dass beispielsweise eine klare Trennung zwischen Beobachtungen und Interpretationen nicht möglich ist. Es stellt sich vielmehr die Frage, wie diese Trennung vollzogen, kenntlich gemacht und genutzt wird. Genauso ist die Forderung nach einer möglichst detaillierten Beschreibung des Beobachteten zu pauschal und kann nur vor dem Hintergrund des Anspruchs einer reflektierten Selektion verwirklicht werden. Jede Forschende hat eine eigene Schreibweise, die von verschiedenen Bedingtheiten geprägt wird. Das Aufschreiben von Beobachtetem ist zwangsweise ein selektiver und eigensinniger Prozess. Es ist jedoch notwendig zu fragen, wie die Selektionen vorgenommen werden. Bei der Reflexion der Spe-*

zifik des eigenen Selektionsprozesses profitierten wir vom Vergleich der eigenen mit anderen Beobachtungsprotokollen sowie von einem intensiven, analytisch geprägten Austausch. Erst im Vergleich und durch den Blick der anderen wurde das eigene Protokoll in gewisser Weise ‚fremd', weil eigene selbstverständliche, durch (kulturelle) Vorannahmen geprägte Schreibpraxen bewusst wurden. Insofern plädieren wir dafür, die Fähigkeiten des kontrastierenden Vergleichens, die wir im Zuge der Datenanalyse entwickelt haben, auch in Bezug auf Beobachtungsprotokolle und Schreibpraxen zu nutzen. Im Hinblick auf die Qualität ethnografischer Forschung können wir auf die so gewonnenen Reflexionsgewinne kaum verzichten."[37]

Die hierbei vertretenen kontrastierenden Vergleiche sind gerade auch im Rahmen der Sozialen Arbeit eine qualitätssichernde Vorgehensweise, um das Eigene in ein fremdes Licht zu tauchen. Erst diese reflektierenden Vergleiche in einem diskursiven Prozess können eigene Selbstverständlichkeiten und blinde Flecken entlarven.

Die Soziologen Leonard Schatzman and Anselm Strauss[38] empfahlen bereits 1974, das erhobene Material im ersten Analyseschritt auf signifikante Parameter von Ereignissen, Personen oder Dingen zu durchforschen und gleichzeitig die Charakteristika dieser Fälle zu notieren. Im Anschluss daran sollten Verbindungen zwischen diesen gesucht werden.

In der Sozialarbeitswissenschaft scheint diese Zugangsweise der Auswertung dienlich, da solche Signifikanzen dem Erhebungszweck entsprechen können.

37 Streck, Rebekka, Unterkofler, Ursula, Reinecke-Terner, Anja, Das „Fremdwerden" eigener Beobachtungsprotokolle – Rekonstruktionen von Schreibpraxen als methodische Reflexion; in: Forum Qualitative Sozialforschung / Forum: Qualitative Social Research, Vol. 14, Nr. 1, Art. 16 (2013), o.S., http://nbn-resolving.de/urn:nbn:de:0114-fqs1301160;

38 Vgl. Schatzman, Leonard, Strauss, Anselm, Field Research, Strategies for a Natural Sociology; in: Social Forces, Vol. 53, Issue 2 (1974), https://doi.org/10.1093/sf/53.2.342-a;

„Die Auswertung von Protokollen teilnehmender Beobachter hängt eng mit der theoretischen Konzeption der teilnehmenden Beobachtung, dem speziellen Beobachtungsauftrag und dem Ziel der jeweiligen Untersuchung zusammen. Auswertung sowie Darstellung der Resultate erfolgen daher in einem Kontext, der nicht nur aus der Perspektive der forschungsmethodischen Ökonomie, sondern ebenso sehr aus der Wissenschaftstheorie sowie der theoretischen Rahmung geprägt wird."[39]

Grundlegende Faktoren der dokumentierten Beobachtung stellen Zeit- und Ortsangaben dar sowie die Nennung von BeobachterIN und ErstellerIN des Protokolls. Ebenso gilt es die Struktur der Beobachtung bereits in der Dokumentation darzulegen.

In der Form einer naiven Beobachtung sind dies neben den grundlegenden Angaben entsprechende Notizen zu den Eindrücken. Hierbei ist es wichtig, den situativen Moment – gerade hinsichtlich sozialarbeiterischer Interventionsformen –, also welche Situation macht die Beobachtung möglich (z. B. Hausbesuch, Visite, Beratungs- oder gar Zwangskontext etc.), zu beschreiben. Die Naivität entbehrt keinesfalls einer Dokumentation, ebenso wenig sind damit die bereits dargelegte Standards zu unterschreiten. Die Naivität beschreibt lediglich den Zugang ins Feld, also die Direktheit einer Beobachtung.

Die wissenschaftliche Beobachtung kann sich hingegen in unterschiedlicher Weise detaillieren, je nach Art des Vorgehens. Eine Checkliste mit positiven oder negativen Antwortmöglichkeiten stellt dabei die strengste Auslegungsweise dar, genauso können zu beobachtende Leitfragen einen Pflichtrahmen bilden. Hier verhält es sich ähnlich einer quantitativen Untersuchung, nämlich dass die Fragen eine

39 Merkens, Hans, Teilnehmende Beobachtung, Analyse von Protokollen teilnehmender Beobachter; in: Hoffmeyer-Zlotnik (Hg.), Analyse verbaler Daten. Über den Umgang mit qualitativen Daten (Opladen 1992), S. 243;

klare Eindeutigkeit in sich tragen und eventuell in Beobachtungsteams ähnlich – idealerweise gleich – verstanden werden oder selbst in einem chronologischen Beobachtungszeitraum in gleicher Weise interpretiert werden können.

Sowohl in der naiven als auch in der wissenschaftlichen Form ist die Erstellung einer Dokumentation notwendig, wobei die Digitalisierung von Dokumentationen und eine Zeilennummerierung – nun ähnlich der qualitativen Erhebungsmethode – die solideste Form der Nachvollziehbarkeit mit sich bringen. Dies bedeutet, dass Erhebungen durchaus handschriftlich verfasst werden können und in weiterer Folge digitalisiert werden. Gleichsam können bereits in der Erhebungssituation digitale Notizen oder gesamte Dokumentationen erstellt werden.

Gegebenenfalls sind grafische Darstellungen erhellend, die davor, währenddessen oder danach angefertigt werden.

Entsprechende methodische Triangulationen[40] sind möglich, benötigen jedoch bei einem Methodenmix im Fachgebiet der Beobachtung erkennbare Differenzierungen im Erhebungs-, Dokumentations- und Auswertungsprozess.

In manchen Fällen ist eine direkte Notierung der Beobachtung – selbst bei Klarheit der Struktur und Form für den/die BeobachterIN – nicht möglich wegen beispielsweise unzureichender Lichtverhältnisse, formalen Ambientes, zu erwartender Irritationen in der Gruppe etc. Hierbei kommen immer wieder gedankliche Rekonstruktionen von Beobachtungssituationen zum Tragen, also protokollarische Anfertigungen nach den erlebten Situationen. In der Tat sind solche der Beobachtung nachfolgende Notizen von Personen, Situationen und Organisationen möglich, jedoch als solche kenntlich zu machen (bereits im Protokoll) und von beschränkter Wiedergabekraft. Die Aufnahmefä-

40 Dies ist die Anwendung von mehreren Methoden (auch unterschiedlicher Beobachtungsmethoden) im Forschungsprozess;

higkeit bestimmter Beobachtungsfaktoren ohne entsprechende Notizen fordert die Merkfähigkeit der Beobachterin und des Beobachters. In Worten des weltberühmtes Neurowissenschaftlers und Nobelpreisträger Eric Kandel zum Ausdruck gebracht, welcher sich intensiv mit dem Gedächtnis auseinandersetzt:

> „[ ] *we found that in all three forms of learning, the duration of short-term memory storage depends on the length of time a synapse is weakened or strengthened.* [...] *Short-term memory lasts minutes, while long-term memory lasts many days or even longer. Behavioral experiments suggest that short-term memory grades naturally into long-term memory and, moreover, that it does so through repetition. Practice does make perfect.*“[41]

Selbst wenn die eigene Einschätzung der Merkfähigkeit eine andere sein mag, so bleibt die biochemische Gedächtnisbildung eine zu berücksichtigende neurologische Konstante. Kurzzeitige Ereignisse, wie jene innerhalb einer Beobachtungssituation, haben einerseits nur eine beschränkte Dauerhaftigkeit und können somit relativ schnell verloren gehen und andererseits ist das Abrufen solcher Gedächtnisbausteine bereits ein kognitiver Prozess der Erinnerung. Dies ins Treffen führend müssen Protokolle, die sich aus einer Erinnerung ergeben über eingeschränkte Erhebungsparameter verfügen, die eine Erinnerung möglich machen und darüber hinaus zeitnah eine Dokumentation erfahren. Dem Argument Kandels folgend kann sich die Merkfähigkeit über Personen, Situationen und Organisationen in der Übung als BeobachterIN verbessern, wenn also die Methode der Beobachtung und die damit verbundenen kognitiven Fähigkeiten ein ständiges gedankliches Erfordernis darstellen.

41 Kandel, Eric R., In Search of Memory, The Emergence of a New Science of Mind (New York 2006), S. 204ff.;

Die Beobachtung als hauptsächliche Datenquelle einer Forschungsfrage sollte mit einem durchdachten Zeitplan versehen werden. Oftmals sind Beobachtungsorte weniger gut geeignet für die Erhebung als gedacht oder der Zeitfaktor weiter zu legen als angenommen. Gleichsam ist der Aufwand dem Forschungsvorhaben angemessen zu gestalten. Die Beobachtung selbst stellt nur einen Zeitfaktor im gesamten Forschungsvorhaben dar. Der zeitliche Rahmen sollte eine ordnungsgemäße Vorbereitung und Dokumentation berücksichtigen, wobei ein Drittel der geplanten Beobachtungszeit für die Vorbereitungen und nachfolgend ein weiteres Drittel für die Nachbearbeitungen einkalkuliert werden sollte. Dies bedeutet bei einer dreistündigen Beobachtung, eine Stunde Vorbereitung und eine Stunde Nachbereitung zu veranschlagen.

Wie in vielen Erhebungsmethoden der Sozialen Arbeit ist auch bei Beobachtungen der Zugang zu den Fällen – also zu Personen, Situationen und Organisationen – von essentieller Wichtigkeit. Daher ist synchron mit der wissenschaftlichen Standortbestimmung die Beobachtung als Methode zu wählen, auch die Feldzugänglichkeit zu klären. Hierbei sind in der Vorbereitung folgende Fragen leitend:

- Ist eine Beobachtung gestattet und unter welchen Voraussetzungen?
- Ist unter den gebotenen Möglichkeiten eine ergiebige Beobachtung möglich?
- Welche Formate der Beobachtungen sind aus fachlicher Perspektive in diesem Setting möglich?
- Sind die Rahmenbedingungen der Beobachtung aus persönlicher Sicht umsetzbar und braucht es unterstützende Faktoren (wie weitere BeobachterINNEN etc.)?

In vielen Lebensbereichen, die mit der Sozialen Arbeit in Berührung stehen, können sich problematische Zugänge ergeben, weswegen im Sinne einer Klarheit der Umsetzbarkeit im Vorfeld entsprechende Abstimmungen erfolgen sollten. Zusätzlich können mit der Beobachtung unangenehme Situationen einhergehen, auf die es sich mit Klarheit über eigene Ressourcen vorzubereiten gilt.

6. Nach der Beobachtung

Das gewonnene Datenmaterial der Beobachtung benötigt eine nachvollziehbare Bearbeitung und fundierte Auswertung. Die erhobenen Erkenntnisse wirken nicht für sich als Argumente, sondern werden erst durch die Bearbeitung, Auswertung und Interpretation von WissenschaftlerINNEn zu Argumenten geformt, um einer Antwortfindung zu entsprechen. In diesem Sinne gibt es keine irrelevanten Daten beziehungsweise Erhebungen, sehr wohl jedoch unbrauchbares Datenmaterial, welches aufgrund fehlender Standards in der Erhebung keine weiterführende Bearbeitung erfahren kann.

Die Bearbeitung, Auswertung und Interpretation ist damit essentiell von der Datenqualität abhängig, wobei unerwartete oder nur geringe Ergebnisgewinne starke Aussagekraft beinhalten können. Die Nichterfüllung einer situativen Erwartung oder die Erfahrung von sozialer Stille charakterisieren Personen, Situationen und Organisationen in bezeichnender Weise.

Die Bearbeitung und Auswertung von Beobachtungsmaterialien kann dabei anhand unterschiedlicher Zugänge erfolgen; hierfür sind methodische Auswertungstheorien verschiedener Erhebungsmethoden – wie in jeder qualitativen Forschung – oftmals passend. Im Folgenden sollen jedoch zwei Analysen, die Inhaltsanalyse nach Mayring und die hermeneutische Beobachtungsanalyse nach Gössl, nähere Erläuterung erfahren.

6.1. Inhaltsanalyse nach Mayring

Eine der in der Sozialen Arbeit wohl etabliertesten Analysen, welche in den letzten Jahren vor allem im deutschsprachigen Raum weitreichend zur Anwendung gekommen ist – nämlich die Inhaltsanalyse – wurde von dem Soziologen und Pädagogen Philipp Mayring veröffentlicht. Die qualitative Inhaltsanalyse nach Mayring bezieht sich primär auf qualitative Erhebungen wie Interviews, welche aber auch für andere empirische Erhebungsmethoden angewandt werden kann. Die Grundlage dieser Methode behandelt eine systematische Bearbeitung von Erhebungsmaterialien, um durch die Auswertung des Datenmaterials eine entsprechende Beantwortung der Forschungsfrage zu erhalten. Das Ziel der qualitativen Inhaltsanalyse ist es, das Erhebungsmaterial regel- und theoriegeleitet zu analysieren.[42]

Diese Methode kann, wie Mayring selbst festhält, bei Interview-Transkriptionen, Beobachtungen, Zeitungsartikeln, aber auch bei Bilddokumentationen etc. angewandt werden.[43] Die Analyse nach Mayring umfasst drei Umsetzungsarten der qualitativen Inhaltsanalyse:

42 Vgl. Mayring, Philipp, Qualitative Inhaltsanalyse, Grundlagen und Techniken, 11. Aufl. (Weinheim, Basel 2010), S. 13;

43 Vgl. Mayring, Philipp, Qualitative Inhaltsanalyse; in: Flick, Kardoff, Steinke (Hg.), Qualitative Forschung, Ein Handbuch, 8. Aufl. (Hamburg 2010), S. 468;

- In der zusammenfassenden Inhaltsanalyse wird das erhobene Material zusammengefasst und auf wesentliche Aspekte gekürzt, um diese darauf folgend einer Analyse zu unterziehen.[44]

- In der explizierenden Inhaltsanalyse wird der Fokus auf unklare Datenbestandteile gelegt. Im ersten Schritt werden dabei alle unklaren Erhebungen identifiziert und im Anschluss zusammengefasst. So „[...] *soll zusätzliches Material herangetragen werden, um die Textstellen verständlich zu machen. Der Grundgedanke ist dabei das systematische, kontrollierte Sammeln von Explikationsmaterial. Dabei läßt sich unterscheiden zwischen einer engen Kontextanalyse, die nur das direkte Textumfeld heranzieht, und einer weiten Kontextanalyse, die Zusatzmaterial über den Text hinaus (Information über Kommunikator, Gegenstand, soziokulturellen Hintergrund, Zielgruppe) sammelt* [...].“[45] Am Ende soll der Gesamtzusammenhang der Analyse überprüft werden, ob eine sinnvolle Explikation gelungen ist. Sollte dies nicht der Fall sein, so muss neues und zusätzliches Material herangezogen werden.[46]

- In der strukturierenden Inhaltsanalyse ist es das Ziel, bestimmte Datenmaterialien mit Hilfe von Kodierungen und Ordnungskriterien herauszufiltern:[47]

---

44 Vgl. Mayring, Philipp, Qualitative Inhaltsanalyse; in: Flick, Kardoff, Steinke (Hg.), Qualitative Forschung, Ein Handbuch, 8. Aufl. (Hamburg 2010), S. 472;

45 Mayring, Philipp, Qualitative Inhaltsanalyse; in: Flick, Kardoff, Keupp, Rosenstiel, Wolff (Hg.), Handbuch qualitative Forschung, Grundlagen, Konzepte, Methoden und Anwendungen (München 1991), S. 212, https://nbn-resolving.org/urn:nbn:de:0168-ssoar–37278;

46 Vgl. Mayring, Philipp, Qualitative Inhaltsanalyse, in: Flick, Kardoff, Steinke (Hg.), Qualitative Forschung, Ein Handbuch, 8. Aufl. (Hamburg 2010), S. 473;

47 Vgl. Mayring, Philipp, Qualitative Inhaltsanalyse; in: Flick, Kardoff, Steinke (Hg.), Qualitative Forschung, Ein Handbuch, 8. Aufl. (Hamburg 2010), S. 473;

„Es kommen hier formale, inhaltliche, typisierende und skalierende Vorgehensweisen in Frage, je nach Art der theoriegeleiteten entwickelten Strukturierungsdimensionen, die dann in einzelne Kategorien untergliedert werden. Grundgedanke ist dann, daß durch die genaue Formulierung von Definitionen, typischer Textpassagen (‚Ankerbeispiele') und Kodierregeln ein Kodierleitfaden entsteht, der die Strukturierungsarbeit entscheidend präzisiert […].“[48]

Mayrings Analysesystematik bietet einen klaren und nachvollziehbaren Rahmen. Vorhandenes Material kann in diesen drei vorgestellten Ordnungsstrukturen geschlichtet und sortiert werden um schließlich das Gesamte in strukturierter Weise im Blick zu haben. Dieser erstellte Überblick ermöglicht in weiterer Folge die Ableitung ergiebiger Auswertungen und damit die Generierung von Erkenntnissen, die darauffolgende – und hoffentlich – die Beantwortung der Forschungsfragen mit sich bringen.

6.2. Hermeneutische Beobachtungsanalyse (nach Gössl)

In der hermeneutischen – also deutenden – Beobachtungsanalyse wird der Erklärbarkeit, Verständlichkeit und Lesbarkeit einer beobachteten Situation – und damit einer dem Erhebungszweck unterliegenden Fragestellung – elementare Aufmerksamkeit entgegengebracht. Die Beobachtung wird als hermeneutisches Gefäß verstanden, dem ein Verständnis der dokumentierten Wahrnehmungen von Personen, Situationen und Organisationen folgen muss. Hierbei werden die Beob-

48 Mayring, Philipp, Qualitative Inhaltsanalyse; in: Flick, Kardoff, Keupp, Rosenstiel, Wolff (Hg.), Handbuch qualitative Forschung, Grundlagen, Konzepte, Methoden und Anwendungen (München 1991), S. 213, https://nbn-resolving.org/urn:nbn:de:0168-ssoar-37278;

achtungen einem systematischen Auswertungsverfahren unterzogen und mit bestehenden – interdisziplinären – Erkenntnissen in eine logische Lesbarkeit gebracht. Die Schaffung dieser Logik ist dabei von zentraler Wichtigkeit, denn nur so können die erstellten Dokumentationen in eine sinnvolle Auswertungsmatrix transferiert werden. Die Erkenntnisse der Beobachtung müssen eine Erklärung in der Darstellung, eine Verständlichkeit in der Wiedergabe und eine Lesbarkeit in der Vermittlung an Dritte aufweisen. Um diesen Ansprüchen gerecht zu werden, gliedert sich die hermeneutische Beobachtungsanalyse in vier aufeinanderfolgende Schritte – Phasen – auf. Das zugrunde liegende Material wird als Gesamtes diesem Prozess unterzogen, um so eine ergiebige und dem Erhebungsmaterial entsprechende Auswertung zu ermöglichen.

In der ersten Auswertungsphase werden die erstellten Beobachtungsdokumentationen in ein erklärbares System transferiert, es wird also eine Struktur (übergeordnetes Thema) dem definierten Beobachtungsziel entsprechend geschaffen. Dieses System entspricht damit in der logischen Konzeption dem Forschungs- beziehungsweise Erhebungszweck, dient aber im Besonderen der Clusterung vorhandenen Materials anhand grober Betitelungen.

Sowohl naive als auch wissenschaftliche Beobachtungen erfahren dadurch eine Strukturierung. In weiterer Folge werden sogenannte Wahrnehmungspunkte innerhalb der Strukturen definiert (wie beispielsweise Raum, Personen, Aktionen etc.), die in weiterer Folge einer Erklärbarkeit zugeführt werden. Je nach Komplexität können dabei mehrere Strukturen und jeweils eine Vielzahl an Wahrnehmungspunkten generiert werden. Diese Wahrnehmungspunkte sind entweder wiederkehrende oder einmalige Beobachtungen, jedenfalls sind diese Punkte von Relevanz.

In der zweiten Auswertungsphase werden die definierten und strukturierten Wahrnehmungspunkte entsprechenden Themenfeldern zugeordnet (beispielsweise Themenfelder wie Kleidung, Verhalten, Interaktionen etc.), also übergeordnete Themenfelder benannt, die sich aus der Erhebung ergeben (und nicht unbedingt dem Forschungs- und Erhebungszweck entsprechen müssen, sondern der tatsächlichen Beobachtung folgen). Diese Themenfelder erfahren eine auf den Dokumentationen beruhende Ordnung und in weiterer Folge eine Ausformulierung, um die Wahrnehmungspunkte in eine verständliche und nachvollziehbare Darlegung zu fügen. Die sich damit elaborierenden Themenfelder spiegeln spätestens nun den Forschungs- beziehungsweise Erhebungszweck auf Basis der vorhandenen Dokumentationen wider oder ergeben neue Formen von Themen, die sich im anfänglichen Zweck nicht widergefunden haben. Dieser Zugang ermöglicht es einerseits, dem Forschungs- beziehungsweise Erhebungszweck zu folgen und andererseits die Offenheit für nicht vorhergesehene Erkenntnisse zu gewährleisten.

In der dritten Phase werden diese thematisch-verständlichen Darlegungen der strukturierten Wahrnehmungspunkte und der Themenfelder einer logischen Lesbarkeit unterzogen, indem diese durch Fachliteratur und Studien in Kontext gesetzt werden. Das Ziel ist es dabei, die Ergebnisse einer Beobachtung in eine systematisch-verständliche Form zu transferieren – sich also mit größeren Erkenntniskreisen auseinanderzusetzen und sich schließlich diesen anzuschließen oder diese zu widerlegen – um entsprechende Lesbarkeiten von Situationen anzubieten. In dieser Phase erfahren Beobachtungen die notwendigen Erklärungen anhand weitreichender, wissenschaftlicher, interdisziplinärer Forschungen und betten die Beobachtung in einen größeren Bezugsrahmen ein. Diese Interpretationen der strukturierten Wahrnehmungspunkte und der Themenfelder folgen dabei dem festgelegten Forschungs- beziehungsweise Erhebungszweck, wobei Beobachtungen, die keiner brauchbaren Zuordnung oder Erklärung zugeführt werden können und auch keine Themenfelder ergeben, also solche in Form einer Restmenge unkommentiert stehen bleiben. Diese unerklärbare Restmenge an Beobachtungen sollte bei einem entsprechend detailreichen Erhebungsplan möglichst gering ausfallen, kann aber bei einer entsprechenden offenen beziehungsweise naiven Beobachtung einige Wahrnehmungspunkte umfassen. In welchem Fall auch immer: Eine zu große Restmenge wird in der methodischen Aufarbeitung dann problematisch, wenn aus einer unüberschaubaren Diversität keine Aussagen beziehungsweise keine ergiebigen Beiträge gebildet werden können.

Die vierte Phase umfasst eine kritische Auseinandersetzung mit der hermeneutischen Beobachtungsanalyse, also die Feststellung von vorhandenen Phänomenen der vorliegenden Analyse aus BeobachterINNEN-Perspektive. Hierbei wird sowohl der eigenen professionellen Wahrnehmung, den Verbindungen zu weiterführenden wissenschaftlichen Erkenntnissen als auch den Elementen einer erlebten Unklarheit Raum gegeben, entsprechende analytische Reflexionen zu erfahren. Gerade in der Beobachtung sind methodische Freiräume wichtig, um den Begrenzungen der eigenen Beobachtung und den Grenzen einer Interpretationsfähigkeit Rechnung zu tragen. Ebenso dient dieser Raum, nicht zu klärende Signifikanzen zu erwähnen, ohne instabile oder haltlose Interpretation anzufertigen. Somit werden die strukturierten Wahrnehmungspunkte, die dargelegten Themenfelder wie auch die eventuell vorhandene Restmenge weiterdenkend analysiert, um eine Antwort für die leitenden Fragestellungen zu generieren. Alle drei Erkenntnisformen stehen – wenn möglich – in Bezug zu fachwissenschaftlichen Erkenntnissen (Theorien, Studien, weitere Erhebungen etc.), um nun in diesem vierten Bearbeitungsschritt der eigenen fachbezogenen Analyse unterworfen zu werden. Hierbei können sowohl die bestätigenden als auch die widersprechenden Faktoren einer Erhebung (gleichsam der ungeklärten Restmenge) eine Würdigung durch kritische Auseinandersetzung erfahren.

Die in vier Phasen verlaufende hermeneutische Beobachtungsanalyse bedient sich des Erhebungsmaterials in interpretierender Weise durch die reflektierende Anwendung und Einbeziehung von fachlich-relevanten Erkenntnissen. Die Ausgangslage einer leitenden Fragestellung ist dabei elementar für das Erhebungsdesign und weiterführend leitend in der Bearbeitung des Materials, um dem Forschungs- beziehungsweise Erhebungszweck Folge zu leisten. Die hermeneutischen Dimensionen durchziehen diese Analyse in allen vier Schritten und fordern den/die BeobachterIN fortwährend in der Analyse. Sowohl die Erstellung einer Fragestellung, die Definition von Strukturen, Wahrnehmungspunkten und Themenfeldern, aber im Besonderen auch die fachliterarische Auseinandersetzung und die eigene professionelle Meinungsbildung benötigen analytische Annäherungen an Material und Thema.

Die hermeneutische Beobachtungsanalyse fordert den/die AnwenderIN in der interdisziplinären Auseinandersetzung und dem Querdenken in vorhandenen Strukturen und Beobachtungen. Dies bedeutet in der Umsetzung ein gewisses Maß an erkenntnistheoretischer Offenheit und die Notwendigkeit für einen entsprechenden Auseinandersetzungswillen. Je nach Umsetzungsweise der Beobachtungsart ist dies eine zuvor in der Planung, sicherlich jedoch spätestens mit dem Vorhandensein des Materials, beginnende Herausforderung.

6.3. Praktische Beispiele

Für die eigene Erhebung sind im Anhang befindlich unterschiedliche Vorlagen und Beispiele für Protokolle als auch für die Auswertung nach der hermeneutischen Beobachtungsanalyse beigefügt. Die im Anhang befindlichen Dokumente stehen frei zur Nutzung und Vervielfältigung, ebenso können sie adaptiert und weiterverbreitet werden. Der Anhang umfasst dabei:

- Beobachtungspfad
- Forschungsdesign einer Beobachtung
- Gedankliches Situationsprotokoll (naive, teilnehmende, offene Beobachtung)
- Gesprächsbeobachtung (Teilerhebung einer qualitativen Befragung)
- Beobachtungsprotokoll (naive, teilnehmende, offene Beobachtung)
- Beobachtungsprotokoll (systematische, teilnehmende, offene Beobachtung)
- Auswertung nach der hermeneutischen Beobachtungsanalyse

7. Die abgeschlossene Beobachtung

Sobald der/die ForscherIN den Menschen in den Fokus hebt, sind intime Momente vielfältiger Lebenswelt betroffen. In der Sozialen Arbeit ist dies besonders der Fall, da – je nach Mandatslage – auch Kontexte entstehen können, die mit Konsequenzen verbunden sind oder als moralische oder juristische Graubereiche verstanden werden können.

Neben einer säkularen Demut, also Respekt und Dankbarkeit für die Teilhabe am Leben anderer Menschen, darf niemals die Sensibilität von Daten in Vergessenheit geraten. Erhobenes Material erlaubt ein wissenschaftliches Wachstum, welches von essentieller Bedeutung für den Erkenntnisgewinn ist, doch ist dieses Material auch eine Darstellungsfläche, die sich der betroffenen Biografie entzieht. Plötzlich werden durch Erhebungen Ereignisse dokumentiert und so für lange Zeit – oder gar für immer – für unbeteiligte Personen erfahrbar. Als WissenschaftlerIN ist man der aktive Dreh- und Angelpunkt in dieser Schaffung von Dokumentationen, weswegen man der Einhaltung einer der Objektivität möglichst nahekommenden Intersubjektivität und dem Versuch einer Darstellung von Wahrheit verpflichtet sein muss. Nichts Erhobenes ist dabei irrelevant, gerade nicht in einem Jahrhundert, in welchem die Daten zur eigentlichen Macht avancieren. Verfälschende sentimentale Gefühlsregungen, moralisch-wertende Haltungen, aber auch persönlich-spirituelle Wertungen (und vieles mehr) sind relevante Gefahren für jedeN ForscherIN. Gerade die Soziale Arbeit ist neben einer angewandten Wissenschaftsprofession auch eine Handlungsprofession, welche Erwartungen beim Gegenüber zu erwecken in der Lage ist. Ähnlich der Medizin ist das Individuum in einer Begegnung mit Wünschen, Erwartungen und Hoffnungen beladen, die sich alleine aufgrund der Profession ergeben können. Darüber hinaus kann der/die BeobachterIN eine Projektionsfläche vorhandener Ängste und von Schamgefühl sein, welches sich von Beginn an oder situativ im Moment einstellen kann. Besonders bedeutsam im Sinne einer säkularen Demut ist die Wertfreiheit als WissenschaftlerIN gegenüber Personen, Situationen und Organisationen in Beobachtungen angespannter Lebensbereiche, wie jene im Feld der Sexualität, Armut, Krankheit etc. Hierbei werden allzu schnell unbewusste oder gar bewusste Wertungen geschaffen und zur Anwendung gebracht. So kann eine Beobachtung in einem Sexclub, in welchem ungeschützter Geschlechtsverkehr praktiziert wird, auf viele Ebenen Irritationen hervorrufen: Widersprüche, Übertreibungen, Klischees, aber auch Unerwartetes können eine solche Situation emotional belasten, da die eigene Moral von verantwortungsvollem Sex sich gedanklich aufdrängt. Als BeobachterIN ist es hierbei nicht die Aufgabe, einen Wertekanon zu vertreten oder die ‚natürliche' Intelligenz einzufordern. Es ist auch nicht die Aufgabe von BeobachterINNEN, Diagnosen zu erstellen und Krankhaftigkeiten festzustellen. Die weltliche Demut dieser Situation umschließt eine Verschwiegenheit, eine Wertfreiheit und schließlich auch die Dankbarkeit, beobachten zu können.

Die Rolle als erhebendeR ForscherIN ist somit mehrdimensional – nicht nur in der eigenen, sondern gleichsam in der fremden Wahrnehmung.

Eine säkulare Demut beinhaltet in der Klarheit dieser bedürfnisorientierten Mehrdimensionalität im Spezifikum der Sozialen Arbeit neben Respekt und Dankbarkeit für die erforschten Personen, Situationen und Organisationen somit auch eine Offenheit für das Individuum. Diese Offenheit kann bedeuten, dass dem Erhebungsprozess weitere Maßnahmen – die außerhalb des Forschungssettings liegen – wie Gespräche, die Bereitstellung oder Einholung von Fachexpertise oder gleichsam die Bitte um eine fachspezifische Intervention oder gar um ein klar formulierte Hilfestellung, folgen können. Auch Fragen nach monetären Hilfeleistungen können auf den/die BeobachterIN treffen, da am Ende das Gefühl vorhanden sein kann, etwas gegeben zu haben, für das etwas zurückkommen muss. Die Soziale Arbeit als Wissenschaftsprofession und als Handlungsprofession kann diesen Bedürfnissen nur mit entsprechender Transparenz begegnen und Erwartungen relativieren. Hierbei ist es notwendig, sowohl ausgesprochene als auch unausgesprochene, Erwartungen in Erhebungssituationen zu analysieren und, wenn es angebracht erscheint, mit entsprechenden Expertinnen und Experten des Feldes vorab zu besprechen.

Im Erhebungsprozess muss Professionistinnen und Professionisten der Sozialen Arbeit bewusst sein, dass es für beide Seiten in einem Forschungsprozess Motivationen gibt, an etwas teilzunehmen oder jemanden beobachtend teilhaben zu lassen. Deswegen sollte im Rahmen der Forschung eine persönliche Reflexion auch die eigene Handlungsmacht umfassen und Möglichkeiten definieren, wann und wie eine professionelle Intervention im Rahmen des Erhebungsprozesses – oder idealerweise danach – umsetzungsfähig erscheint.

Der solide Mehrwert einer Erkenntnis kann nur dann in einer intersubjektiven Weise gelingen, wenn Wahrnehmungswelten anhand der vorherrschenden und nicht anhand der eigenen Logik reproduziert werden und dadurch in der Analyse wachsen können.

8. Die Beobachtung in der Praxis

Die Beobachtung als Methode wissenschaftlichen Arbeitens ermöglicht erst durch entsprechend genaue Planung, Umsetzung und Dokumentation fruchtbringende als auch glaubwürdige Ergebnisse. Dieser Aufwand für eine Genauigkeit im Ablauf der Beobachtung ist in der Praxis der Sozialen Arbeit nicht – oder nur selten – gegeben. Einerseits treffen im Alltäglichen unzählige Handlungserfordernisse aufeinander, die SozialarbeiterINNEN in mehrfacher Weise beschäftigen müssen, andererseits ist der Druck in der Arbeit mit Klientinnen und Klienten stets steigend. Somit ist in vielerlei Hinsicht die Beobachtung als wissenschaftliche Methode zwar vorbildlich, aber im praktischen Tun nur beschränkt umsetzbar.

Die Grundlagen der Beobachtung und die daraus ableitenden Maßstäbe sind jedoch maßgeblich und daher auch in der praktischen Beobachtung als Handlungsweise zu beachten. Die praktische Beobachtung kann sich dabei auf die Signifikanz beschränken, die sowohl in der Kürze eines Beobachtungszeitraumes als auch unter erschwerten Umständen der Durchführung nachvollziehbar als auch umsetzbar erscheinen.

8.1. Klarheit

Die stattfindende Beobachtung wird bewusst – als willentlicher Akt – vorgenommen. Die sich ereignende beziehungsweise vollziehende Situation wird als ein Beobachtungsmoment für sich selbst beziehungsweise für andere kenntlich gemacht. Die Klarheit bedeutet auch, dass die Sequenz (Zeit, Ort, Personen etc.) der Beobachtung den Maßgaben entsprechend eingeschränkt wird. Die praktische Beobachtung geschieht gleichsam in einem Auftragsrahmen, also es liegt eine Notwendigkeit der Beobachtung vor. Diese Notwendigkeit ist maßgebend für die Sequenz in Dauer und Umfang. Denn diese Klarheit beinhaltet ebenso das Faktum, dass die Beobachtung Grenzen einer Aufmerksamkeit unterliegen und somit nicht beliebig weitreichend und beliebig lang andauernd verlaufen kann.

In der praktischen Beobachtung als Handlungserfordernis ist es ausschlaggebend für die Qualität der Beobachtung, den situativen Emotionen ein möglichst starkes Moment der Beweisführung entgegenzuhalten. Dies bedeutet, klare Formen, Personen und Situationen der Beobachtungen zu benennen, die eine sachliche Rekonstruktion der Geschehnisse ermöglichen. Dabei kann eine Abfolge von Situationen als auch eine Differenzierung von Handlungsweise der Personen elementar wichtig sein. Diese Abfolgen können durch emotionale und/oder sensorische Eindrücke Erweiterung, aber gleichsam Unschärfe erfahren.

8.2. Nachvollziehbarkeit

Die praktischen Beobachtungen benötigen eine nachvollziehbare Rekonstruktionsfähigkeit, also Personen, Situationen oder Organisationen sollen dem Beobachtungszwecks entsprechend, nachvollziehbar bleiben. Diese Nachvollziehbarkeit bezieht sich zumindest auf zeitliche und räumliche Dimensionen. Je nach Zweck der praktischen Beobachtungen können diese und weitere Kategorien geschaffen werden, wobei jeweils die Rekonstruktion – also eine protokollarische Wiedergabe der Situation – leitend sein sollte. Diese grundlegende Ordnung einer Beobachtung – also eine praktisch-methodische Sortierung der Momente – kann eben weiterführende Kategorien aufweisen, wenn diese eine nachvollziehbare Strukturbildung ermöglichen. Ähnlich der wissenschaftlich-methodischen Beobachtung ist es, unerkennbare, unkenntliche und unverstandene Beobachtungen als solche zu benennen und diese keiner mutmaßlichen Interpretation zu unterziehen. Die Nachvollziehbarkeit durch Dritte impliziert gleichsam eine Rekonstruktion dieser Momente und damit folgend entsprechende Ableitungen von Interventionen, Maßnahmen oder Konsequenzen.

8.3. Dokumentation

Die Besonderheiten von praktischen Beobachtungen umfassen einerseits eine Spontanität des Moments wie auch eine Komplexität von Situationen und andererseits zeitlichen Druck sowie Handlungsnotwendigkeiten in den stattfindenden Momenten. In diesem Konglomerat der Anforderungen an den/die SozialarbeiterIN fehlen oftmals die Ressourcen, an entsprechende Dokumentationen zu denken. Zusätzlich sind – gerne vielseitige – Dokumentationsverpflichtungen in der fachlichen Tätigkeit gegeben, die zumeist Parametern einer Organisation entsprechen und nicht immer dem Handlungsverständnis der agierenden Fachkraft.

In der praktischen Beobachtung kann daher die Dokumentation in unterschiedlicher Weise – ähnlich der wissenschaftlichen Beobachtung – gestaltet werden und neben der im Moment stattfindenden Notiz gleichsam ein Schriftstück in post-momentaner Weise protokolliert werden. Natürlich sind ebenso Audioaufzeichnungen möglich, die direkt im Anschluss einer Situation entstehen können. Wichtig ist, bereits in der Dokumentation die Klarheit und Nachvollziehbarkeit vor Augen zu halten. Ebenso unerlässlich für die Wahrung von Mindeststandards des Datenschutzes ist es, erstellte Dokumentationen:

- zu anonymisieren, wenn persönliche Daten als irrelevant anzunehmen sind.
- zu sichern und somit vor unerlaubten Zugriffen zu schützen.
- zu vernichten, wenn es für den Erhalt der erhobenen Daten keine Notwendigkeit mehr gibt.

8.4. Umgang mit Beobachtungsdaten

Dokumentationen umfassen Notizen sowie erstellte Protokolle, also jegliche Form der Verschriftlichung und Digitalisierung von Beobachtungen. Sollten die praktischen Beobachtungen einem beruflichen Zweck dienen, so sind folgende Kriterien ausschlaggebend:

- Dem beruflichen Zweck dienliche Beobachtungen sind für die Organisationen erstellte Dokumente, die idealerweise vorgegebenen Mustern entsprechen und anhand interner Prozesse zu verwalten sind. Die Speicherung und Vernichtung geschieht nach formulierten Kriterien, denen zu entsprechen ist. Eine private Dokumentation ist hierbei unzulässig.
- Dem beruflichen Zweck dienliche Beobachtungen, aber der privaten Aufbewahrung überlassene Dokumentationen sollten den genannten Standards – und in Absprache mit der Organisation –

entsprechend verarbeitet, gespeichert beziehungsweise gelöscht werden. Die privaten Dokumentationen sollten gelöscht werden, wenn es für die Aufbewahrung der erhobenen Daten keine Notwendigkeit mehr gibt.
- Dem ehrenamtlichen Zweck oder der Selbstständigkeit dienliche Beobachtungen unterliegen den genannten Mindeststandards. Hierbei ist es unerlässlich, entsprechende Standards zu beachten.

Die Richtlinie für die Verarbeitung personenbezogener Daten der Europäischen Union nennt spezifisch – gleichsam bezogen auf Beobachtungen – relevante Definition und Kriterien:

> *„1. ‚personenbezogene Daten' alle Informationen, die sich auf eine identifizierte oder identifizierbare natürliche Person (im Folgenden ‚betroffene Person') beziehen; als identifizierbar wird eine natürliche Person angesehen, die direkt oder indirekt, insbesondere mittels Zuordnung zu einer Kennung wie einem Namen, zu einer Kennnummer, zu Standortdaten, zu einer Online-Kennung oder zu einem oder mehreren besonderen Merkmalen, die Ausdruck der physischen, physiologischen, genetischen, psychischen, wirtschaftlichen, kulturellen oder sozialen Identität dieser natürlichen Person sind, identifiziert werden kann;*
>
> *2. ‚Verarbeitung' jeden mit oder ohne Hilfe automatisierter Verfahren ausgeführten Vorgang oder jede solche Vorgangsreihe im Zusammenhang mit personenbezogenen Daten wie das Erheben, das Erfassen, die Organisation, das Ordnen, die Speicherung, die Anpassung oder Veränderung, das Auslesen, das Abfragen, die Verwendung, die Offenlegung durch Übermittlung, Verbreitung oder eine andere Form der Bereitstellung, den Abgleich oder die Verknüpfung, die Einschränkung, das Löschen oder die Vernichtung;*

[…]

6. ‚Dateisystem' jede strukturierte Sammlung personenbezogener Daten, die nach bestimmten Kriterien zugänglich sind, unabhängig davon, ob diese Sammlung zentral, dezentral oder nach funktionalen oder geografischen Gesichtspunkten geordnet geführt wird;

[…]

Die Verarbeitung personenbezogener Daten, aus denen die rassische oder ethnische Herkunft, politische Meinungen, religiöse oder weltanschauliche Überzeugungen oder die Gewerkschaftszugehörigkeit hervorgehen, sowie die Verarbeitung von genetischen Daten, biometrischen Daten zur eindeutigen Identifizierung einer natürlichen Person, Gesundheitsdaten oder Daten zum Sexualleben oder der sexuellen Orientierung ist nur dann erlaubt, wenn sie unbedingt erforderlich ist und vorbehaltlich geeigneter Garantien für die Rechte und Freiheiten der betroffenen Person erfolgt und

a) wenn sie nach dem Unionsrecht oder dem Recht der Mitgliedstaaten zulässig ist

b) der Wahrung lebenswichtiger Interessen der betroffenen oder einer anderen natürlichen Person dient oder

c) wenn sie sich auf Daten bezieht, die die betroffene Person offensichtlich öffentlich gemacht hat."[49]

49 Richtlinie (EU) 2016/680 des Europäischen Parlaments und des Rates vom 27. April 2016 zum Schutz natürlicher Personen bei der Verarbeitung personenbezogener Daten durch die zuständigen Behörden zum Zwecke der Verhütung, Ermittlung, Aufdeckung oder Verfolgung von Straftaten oder der Strafvollstreckung

Wie aus der Bestimmung der Europäischen Union ersichtlich, sind Daten und deren Verarbeitung von hoher rechtlicher Relevanz und daher spezifisch bei nicht anonymisierter Verwendung von größter Sensibilität. Eine unüberlegte Erhebung und daraus folgende Speicherung und Verarbeitung von Daten ist ohne entsprechender Berücksichtigung der Datenschutzgrundverordnung fahrlässig. Im Besonderen wird dies verdeutlicht durch die Definition von personenbezogenen beziehungsweise besonders sensiblen personenbezogenen Daten, welche überproportional in die Tätigkeiten der Sozialen Arbeit hineinragen.

8.5. Standards der Sozialen Arbeit

Die Erfüllung übergeordneter Rahmenbedingungen leitet direkt über zu Standards der Profession einer Sozialen Arbeit. Dabei wird die Reflexion als ein elementarer Bestandteil einer professionellen Identität der Sozialen Arbeit benannt. Melissa Desjarlais und Peter Smith greifen hierbei die Ideen der Psychologin Dannelle Stevens und der Erziehungswissenschaftlerin Joanne Cooper betreffend eines Konzepts des effektiven Zirkels auf, wobei die diesbezügliche Grundlage von John Dewey und Donald Schon erstellt wurde: „[…] *to perform effective reflection, describing it as an active, intentional, and journalistic cycle.*“[50] Weiter heißt es: „[…] *aspects of reflective thought include perplexity, elaboration, generating hypotheses, comparing hypotheses, and taking action.*“[51]

sowie zum freien Datenverkehr und zur Aufhebung des Rahmenbeschlusses 2008/977/JI des Rates (Amtsblatt der Europäischen Union, 4.5.2016, L119/89);

50 Desjarlais, Melissa, Smith, Peter, A Comparative Analysis of Reflection and Self-Assessment, in: International Journal of Process Education, Vol. 3, Issue 1 (2011), S. 3, https://doi.org/10.1111/j.1467-9647.2010.00656.x;

51 Desjarlais, Melissa, Smith, Peter, A Comparative Analysis of Reflection and Self-Assessment, in: International Journal of Process Education, Vol. 3, Issue 1 (2011), S. 3, https://doi.org/10.1111/j.1467-9647.2010.00656.x;

Diese reflektierenden Zirkel finden im Rahmen der Standards einer internationalen Sozialen Arbeit ihre Anwendung und definieren sich wie folgt: „*Social work is a practice-based profession and an academic discipline that promotes social change and development, social cohesion, and the empowerment and liberation of people. Principles of social justice, human rights, collective responsibility and respect for diversities are central to social work. Underpinned by theories of social work, social sciences, humanities and indigenous knowledge, social work engages people and structures to address life challenges and enhance wellbeing. The above definition may be amplified at national and/or regional levels.*“[52] Denn – so die gemeinsame Verabschiedung der International Federation of Social Workers: „*The uniqueness of social work research and theories is that they are applied and emancipatory. Much of social work research and theory is co-constructed with service users in an interactive, dialogic process and therefore informed by specific practice environments.*“[53] Diese vielfältigen Ansprüche sind dabei in der wissenschaftlichen und praxisorientierten Vorgehensweise ineinandergreifend; mehr noch, die Standards verweisen in kongruenter Weise auf die zentralen Aspekte sozialarbeiterischer Erhebungs- und Handlungsweisen. Sie geben leitende Grundsätze vor, die sowohl eine Spezifikum der Sozialen Arbeit bilden und gleichermaßen den Ethos der Profession stark abbilden.

Somit steht die Integrität des Individuum neben einem rechtlichen Verständnis von Datenzugehörigkeit auch in einem ethischen Verständnis im zentralen Fokus, wodurch sich gerade die Beobachtung von Individuen immer als eine ethisch-relevante Methode klassifiziert, die durch den/die BeobachterIN in verantwortungsvoller Weise

52 IFSW Hauptversammlung, Globale Definition für Soziale Arbeit (genehmigt bei der IASSW Generalversammlung im Juli 2014), https://www.ifsw.org/what-is-social-work/global-definition-of-social-work/;

53 IFSW Hauptversammlung, Globale Definition für Soziale Arbeit (genehmigt bei der IASSW Generalversammlung im Juli 2014), https://www.ifsw.org/what-is-social-work/global-definition-of-social-work/;

zur Umsetzung gebracht wird. Mehr als andere Professionen ist es die Soziale Arbeit, die ihre Erhebungen den sozialarbeiterischen Aspekten widmet und dadurch Menschen nicht aus reiner Neugier beobachtet, sondern entsprechende Zwecke damit in Verbindung bringt. Wenn also andere wissenschaftliche Disziplinen die Zweckfrage auf den reinen Wissensgewinn reduzieren können, so ist es der Soziale Arbeit unmöglich, sich auf diese Reduktion zu beschränken.

„Wenn wir Zeuge irgend einer tiefen Erregung sind,
so wird unser Mitgefühl so stark erregt,
daß wir vergessen oder daß es uns fast unmöglich wird,
eine sorgfältige Beobachtung anzustellen."[54]

54 Darwin, Charles, Der Ausdruck der Gemüthsbewegungen bei dem Menschen und den Thieren (Stuttgart 1877), S. 11;

9. Verweise

Becker, Wolfgang, Einleitung. Kants pragmatische Anthropologie; in: Kant, Immanuel, Anthropologie in pragmatischer Hinsicht (Stuttgart 1983)

Butler, Judith, Das Unbehagen der Geschlechter (Frankfurt am Main 1991)

Corbin, Juliet, Strauss, Anselm, Grounded Theory Research: Procedures, Canons, and Evaluative Criteria, in: Qualitative Sociology, Vol. 13, No. 1 (1990)

Darwin, Charles, Der Ausdruck der Gemüthsbewegungen bei dem Menschen und den Thieren (Stuttgart 1877)

Desjarlais, Melissa, Smith, Peter, A Comparative Analysis of Reflection and Self-Assessment, in: International Journal of Process Education, Vol. 3, Issue 1 (2011), https://doi.org/10.1111/j.1467–9647.2010.00656.x

Eco, Umberto, Das Foucaultsche Pendel, 2. E-Book Aufl. (München Wien 2011)

Europäische Union (Hg.), Richtlinie 016/680 des Europäischen Parlaments und des Rates vom 27. April 2016 zum Schutz natürlicher Personen bei der Verarbeitung personenbezogener Daten durch die zuständigen Behörden zum Zwecke der Verhütung, Ermittlung, Aufdeckung oder Verfolgung von Straftaten oder der Strafvollstreckung sowie zum freien Datenverkehr und zur Aufhebung des Rahmenbeschlusses 2008/977/JI des Rates (Amtsblatt der Europäischen Union, 4.5.2016, L119/89)

Flick, Uwe, Qualitative Forschung, Theorie, Methoden, Anwendung in Psychologie und Sozialwissenschaften (Hamburg 1996)

Foucault, Michel, Der Diskurs darf nicht gehalten werden für …, in: Defert, Ewald, Lagrange (Hg.), Michel Foucault. Schriften in vier Bänden. Bd. 3, 1976–1979 (Frankfurt am Main 2003)

Foucault, Michel, Dispositive der Macht: Über Sexualität, Wissen und Wahrheit (Berlin 1978)

Freikamp, Ulrike, Bewertungskriterien für eine qualitative und kritisch-emanzipatorische Sozialforschung, in: Freikamp, Leanza, Mende, Müller, Ullrich, Voß (Hg.), Kritik mit Methode? Forschungsmethoden und Gesellschaftskritik (Berlin 2008)

Goffman, Erving, The Nature of Deference and Demeanor, in: American Anthropologist, New Series, Vol. 58, Nr. 3 (1956), https://www.jstor.org/stable/665279

Girtler, Roland, Randkulturen, Theorie der Unanständigkeit (Wien, Köln, Weimar 1995)

Grümer, Karl-Wilhelm, Beobachtung, Technik der Datensammlung 2, Reihe Studienskripten zur Soziologie (Köln 1974)

Halbmayer Ernst, Salat Jana, Qualitative Methoden der Kultur- und Sozialanthropologie; in: https://www.univie.ac.at/ksa/elearning/cp/qualitative/qualitative-titel.html

IFSW Hauptversammlung, Globale Definition für Soziale Arbeit (genehmigt bei der IASSW Generalversammlung im Juli 2014), https://www.ifsw.org/what-is-social-work/global-definition-of-social-work/

Jahoda, Marie, Deutsch, Morton, Cook, Stuart, Beobachtungsverfahren, in: König (Hg.), Beobachtung und Experiment in der Sozialforschung (Köln, Berlin 1972)

Jörke, Dirk, Anthropologische Motive im Werk von Jürgen Habermas; in: ARSP: Archiv für Rechts- und Sozialphilosophie, Vol. 92, Nr. 3 (2006), S. 311, https://www.jstor.org/stable/23681600

Kandel, Eric R., In Search of Memory, The Emergence of a New Science of Mind (New York 2006)

Lüders, Christian, Teilnehmende Beobachtung; in: Bohnsack, Marotzki, Meuser (Hg.), Hauptbegriffe Qualitativer Sozialforschung (Opladen 2001)

Mayring, Philipp, Qualitative Inhaltsanalyse; in: Flick, Kardoff, Keupp, Rosenstiel, Wolff (Hg.), Handbuch qualitative Forschung, Grundlagen, Konzepte, Methoden und Anwendungen (München 1991), https://nbn-resolving.org/urn:nbn:de:0168-ssoar-37278

Mayring, Philipp, Qualitative Inhaltsanalyse; in: Flick, Kardoff, Steinke (Hg.), Qualitative Forschung, Ein Handbuch, 8. Aufl. (Hamburg 2010)

Mayring, Philipp, Qualitative Inhaltsanalyse, Grundlagen und Techniken, 11. Aufl. (Weinheim, Basel 2010)

Merkens, Hans, Teilnehmende Beobachtung, Analyse von Protokollen teilnehmender Beobachter; in: Hoffmeyer-Zlotnik (Hg.), Analyse verbaler Daten. Über den Umgang mit qualitativen Daten (Opladen 1992)

The Metropolitan Transportation Authority, Midtown West (Theater District, Times Square, Central Park, Columbus Circle, Port Authority, Clinton), http://web.mta.info/maps/neighborhoods/mn/M10_midtown_west_2015.pdf

Popper, Karl R., Vermutungen und Widerlegungen: das Wachstum der wissenschaftlichen Erkenntnis, herausgegeben von Herbert Keuth, 2. Aufl. (Tübingen 2009)

Reese-Schäfer, Walter, Niklas Luhmann zur Einführung, 4. Aufl. (Hamburg 2001)

Renggli, Cornelia, Selbstverständlichkeiten zum Ereignis machen: Eine Analyse von Sag- und Sichtbarkeitsverhältnissen nach Foucault (2007), S. 10, in: Forum Qualitative Sozialforschung / Forum: Qualitative Social Research, 8 (2), http://nbn-resolving.de/urn:nbn:de:0114-fqs0702239

Rösing, Helmut, Bilderwelt der Klänge – Klangwelt der Bilder. Beobachtung zur Konvergenz der Sinne; in: Helms, Phleps (Hg.), Clipped Differences (Bielefeld 2015)

Ruhne, Renate, Raum Macht Geschlecht, Zur Soziologie eines Wirkungsgefüges am Beispiel von (Un)Sicherheiten im öffentlichen Raum (Opladen 2003)

Schatzman, Leonard, Strauss, Anselm, Field Research, Strategies for a Natural Sociology; in: Social Forces, Vol. 53, Issue 2 (1974), https://doi.org/10.1093/sf/53.2.342-a

Scheffer, Thomas, Das Beobachten als sozialwissenschaftliche Methode – Von den Grenzen der Beobachtbarkeit und ihrer methodischen Bearbeitung; in: Schaeffer, Müller-Mundt (Hg.), Qualitative Gesundheits- und Pflegeforschung (Bern 2002)

Schütze, Fritz, Die Fallanalyse. Zur wissenschaftlichen Fundierung einer klassischen Methode der Sozialen Arbeit, in: Fiedler, Krüger (Hg.), Schütze, Sozialwissenschaftliche Prozessanalyse, Grundlagen der qualitativen Sozialforschung (Opladen, Berlin, Toronto 2016)

Selltiz, Claire, Jahoda, Marie, Deutsch, Morton, Cook, Stuart, Research methods in social relations (New York 1968)

Stoever, Heino, Mann, Rausch, Sucht: Konstruktionen und Krisen von Männlichkeiten; in: Suchttherapie, Vol. 8 (2007), https://www.researchgate.net/publication/247476939

Streck, Rebekka, Unterkofler, Ursula, Reinecke-Terner, Anja, Das „Fremdwerden" eigener Beobachtungsprotokolle – Rekonstruktionen von Schreibpraxen als methodische Reflexion; in: Forum Qualitative Sozialforschung / Forum: Qualitative Social Research, Vol. 14, Nr. 1, Art. 16 (2013), http://nbn-resolving.de/urn:nbn:de:0114-fqs1301160

Schütz, Alfred, Luckmann, Thomas, Strukturen der Lebenswelt, 2., überarb. Aufl. (Konstanz, München 2017)

Wittgenstein, Ludwig, Tractatus Logico-Philosophicus, Logisch-philosophische Abhandlung, 1. Aufl. (Frankfurt am Main 1963)

10. Anhänge

- Beobachtungspfad
- Forschungsdesign Beobachtung
- Gedankliches Situationsprotokoll (naive, teilnehmende, offene Beobachtung)
- Gesprächsbeobachtung (Teilerhebung einer qualitativen Befragung)
- Beobachtungsprotokoll (naive, teilnehmende, offene Beobachtung)
- Beobachtungsprotokoll (systematische, teilnehmende, offene Beobachtung)
- Auswertung nach der hermeneutischen Beobachtungsanalyse

Die im Anhang befindlichen Dokumente stehen frei zur Nutzung und Vervielfältigung, ebenso können diese adaptiert und weiterverbreitet werden.

Beobachtungspfad

Leitfaden für die Planung einer Beobachtung

Eigene Standortklärung

a) Wer beobachtet mit welcher Motivation und mit welchem persönlichen Hintergrund?

b) Welche Perspektiven müssen/können/dürfen eingenommen werden?

c) Warum wird beobachtet?

Zugänge

a) naive Beobachtung

- *nachvollziehbar dokumentiert jedoch ergebnisoffen gestaltet.*

b) wissenschaftliche Beobachtung

- *Was ist der Inhalt der Beobachtung?*
- *Wie sieht die Umsetzung der Beobachtung aus?*
- *Wie wird die Beobachtung dokumentiert?*
- *Welchen Einfluss hat der/die BeobachterIN im Forschungsprozess?*

Verlauf

a) Wiederholung

- *Schaffung einer Chronologie: Die Beobachtung wird mehrfach wiederholt.*

b) Fokussierung

- *Konzentration auf die Einmaligkeit: Der Moment ist ausschlaggebend.*

Anwendung

a) Beobachtung

- *Die Beobachtung bildet die hauptsächliche Methode der Anwendung.*

b) Gesprächsbeobachtung

- *Die Beobachtung geschieht additiv, während eine andere Methode zur Anwendung gelangt.*

c) Beobachtungswahrnehmung

- *Die prä- oder post-momentane Beobachtung von audio-visuelle, sensorische und olfaktorische Wahrnehmungen.*

d) gedankliches Situationsprotokoll

- *Post-momentane Rekonstruktionen von Beobachtungen*

Klassifikation

a) systematische (strukturierte) Beobachtung
Erstellung von grob- bis feinteiligen Parametern.

b) unsystematische (unstrukturierte) Beobachtung
Wahrnehmung vorhandener Systeme durch Flexibilität und Freiheit in den Situationen.

a) teilnehmende Beobachtung
aktive oder passive Teilnahme im Beobachtungssetting.

b) nicht-teilnehmende Beobachtung
keine offenkundige Teilnahme an der vorhandenen Beobachtungssituation.

a) offene Beobachtung
für andere sichtbare Position in der Beobachtungssituation.

b) verdeckte Beobachtung
für andere unsichtbare Position in der Beobachtungssituation.

a) standardisierte Beobachtung
Definition von Standards, die eine absolute Vergleichbarkeit schaffen.

b) nicht-standardisierte Beobachtung
keine Standards der absoluten Vergleichbarkeit gegeben.

Kriterien der Beobachtrung

- Wertfreiheit
- Verantwortung
- Respekt
- Datenschutz/Verschwiegenheit
- Nachvollziehbarkeit und Wahrheitstreue
- Transparenz

Forschungsdesign Beobachtung

1. Themenstellung

→ **Fragestellungen**

Welche Hauptfrage steht im Zentrum?
Welche Unterfragen spezifizieren die Hauptfrage?

→ **Hypothesen**

Welche Hypothesen ergeben sich aufgrund der Fragestellungen?

2. Eigene Verortung

→ **Themenstellung**

Eigene Bezüge zum Thema?
Interessenlagen zum Thema?
Persönliche Zumutbarkeit des Themas?

→ **Profession**

Vorhandene Zugänge in der Tätigkeit.
Vorhandene Zugänge als Professionistin/Professionist.

→ **Fallzugänglichkeit**

→ **Umsetzungspotentiale**

Welche Ressourcen (für Zeit, Personen, Budget etc.) stehen für die Erhebung zur Verfügung?

3. Methodenspezifikation der Beobachtung

- Zeitlicher Umsetzungsrahmen der Gesamterhebung.
- Benennung des Erhebungszwecks (in Korrelation mit den Fragestellungen).
- Festlegung der Beobachtungsmethode.
- Festlegung der Auswertungsmethode.

4. Erste Umsetzungsphase

- Erste Beobachtungsergebnisse werden bezogen auf ihren Gehalt betreffend den Erhebungszweck reflektiert:
  Liefern die erhobenen Beobachtungen Daten, die dem Erhebungszweck entsprechen?
  Dienen die Daten einer Antwortfindung der Fragestellungen?
  Ist die konzipierte Methode der Beobachtung in dieser Weise persönlich, praktisch und wissenschaftlich umsetzbar?
  Ist der Aufwand in der Umsetzung der Planung entsprechend (Zeit, Personen, Budget etc.)?
- Wenn alles den Erwartungen entspricht, wird die Erhebung fortgesetzt. Gibt es Änderungsbedarfe, zurück zu Punkt 3 für eine erneute Methodenspezifikation.

5. Zweite Umsetzungsphase (Erhebungsabschluss)

Die Erhebungen können erfolgreich durchgeführt werden:

Sind die erhobenen Daten in der Qualität den Anforderungen guter wissenschaftlicher Praxis (der Sozialen Arbeit) entsprechend?

Können die Daten in einer Form verarbeitet werden, die keine Rückschlüsse auf Personen und Organisationen ermöglicht?

Könnten weitere Detailerhebungen – falls notwendig – notwendige Fragen beantworten?

6. Anwendung der Auswertungsmethode

Die Daten werden transparent ausgewertet.

Das Datenmaterial wird den Anforderungen guter wissenschaftlicher Praxis (der Sozialen Arbeit) entsprechend archiviert.

Auswertung nach der hermeneutischen Beobachtungsanalyse

Der Analyse liegen zehn Beobachtungsprotokolle (systematische, teilnehmende, offene Beobachtung) einer Cocktailbar (jeweils 19:00 bis 20:00 an aufeinander folgenden Abenden) zugrunde, wobei die Themen Geschlechteraufteilung und das Trinkverhalten einer systematischen Erhebung unterzogen wurde. Abschließend wurde in den Protokollen Raum für offene Wahrnehmungen zur Verfügung gestellt. Die Beobachtungen (BP2–9) wurden achtmal wiederholend und fokussiert durchgeführt. Das erste Beobachtungsprotokoll (BP1) diente für eine räumliche Orientierung.

Strukturierte Wahrnehmungspunkte: Geschlechteraufteilung (1) und Alkoholkonsum (2)

Die in Midtown von New York City, Manhattan, befindliche Cocktailbar umfasst neben einem lang-gezogenen Tresen und davor befindlichen acht Hockern sieben niedrige Tische mit jeweils zwei Stühlen. Die einseitigen großflächigen Fenster reichen vom Boden bis zur Decke, wodurch das Lokal gut von außen einsehbar ist. In der unmittelbaren Nachbarschaft befinden sich Theaterhäuser und Kinos.[55] Die Umgebung ist für das entsprechende Kulturangebot populär.[56] Im Beobachtungszeitraum befanden sich sowohl Frauen als auch Männer im Etablissement, wobei Frauen nur selten alleine Platz nahmen, um auf jemanden zu warten. Meistens betraten Frauen die Bars in

55 Vgl. BP1;

56 Vgl. MTA.info, Midtown West (Theater District, Times Square, Central Park, Columbus Circle, Port Authority, Clinton), http://web.mta.info/maps/neighborhoods/mn/M10_midtown_west_2015.pdf (9/2019);

Begleitung (nahezu gleich viele in weiblicher wie männlicher Begleitung) und wählten dabei ausschließlich die Tische.[57]

Dieses Erscheinungsphänomen ist nicht überraschend, gilt doch eine Bar als konzentrierter Raum öffentlicher Geselligkeit und wird damit einem öffentlichen Raum zugesprochen. Gerade die geschlechtliche Zuschreibungen von öffentlichen und privaten Räumen führt die in postmodernen Gesellschaften historische Segregationen einer Geschlechtertrennung vor Augen.[58]

Die eintreffenden Männer betraten die Bar sowohl in Begleitung als auch alleine.[59] In weiblicher Begleitung wurden die Tische bevorzugt.[60]

Kamen männliche Gäste alleine oder in männlicher Begleitung, so wurde ausschließlich am Tresen Platz genommen.[61]

Die in männlicher Begleitung befindlichen Frauen tranken überwiegend Weine[62], in weiblicher Begleitung hingegen Cocktails.[63]

Männer hingegen griffen unabhängig von ihrer Begleitung zu Bier, Wein oder Cocktails.[64]

Heino Stoever von der Universität Frankfurt stellte in seiner Veröffentlichung von Suchtarbeit fest: *„Männliche Jugendliche und Erwachsene konsumieren Alkohol und illegale Suchtmittel häufiger, in grösseren Mengen und öffentlicher als weibliche Personen.“*[65]

57 Vgl. BP2 Z. 5, BP3 Z. 4, BP4 Z. 7, BP5 Z. 4, BP6 Z. 6, BP7 Z. 5, BP8 Z. 7, BP9 Z. 4, 8, BP10 Z. 3, 4, 12;

58 Vgl. Ruhne, Renate, Raum Macht Geschlecht, Zur Soziologie eines Wirkungsgefüges am Beispiel von (Un)Sicherheiten im öffentlichen Raum (Opladen 2003);

59 BP2 Z. 3, 5, 7, BP3 Z. 2, 3, BP4 Z. 6, 7, 9, BP5 Z. 2, 3, BP6 Z. 3, 6, 8, 12, BP7 Z. 2, 3, 4, 5, 7, 9, BP8 Z. 1, 5, 7, BP9 Z. 2, 7, 8, 9, 10, BP10 Z. 2, 3, 6, 13;

60 BP2 Z. 5, BP4 Z. 7, BP6 Z. 6, BP7 Z. 5, BP8 Z. 7, BP9 Z. 8, BP10 Z. 3;

61 BP2 Z. 3, 7, BP3 Z. 2, 3, BP4 Z. 6, 9, BP5 Z. 2, 3, BP6 Z. 3, 8, 12, BP7 Z. 2, 3, 4, 7, 9, BP8 Z. 1, 5, BP9 Z. 2, 7, 9, 10, BP10 Z. 2, 6, 13;

62 BP3 Z. 5, BP4 Z. 8, BP7 Z. 6, BP8 Z. 8, BP10 Z. 5, 14;

63 BP2 Z. 8, BP5 Z. 5, BP6 Z. 7, BP9 Z. 5, 11;

64 BP2 Z. 8, BP3 Z. 6, 8, BP4 Z. 8, 10, BP5 Z. 6, 8, BP6 Z. 4, 7, 9, 13, BP7 Z. 6, 10, 11, BP8 Z. 2, 6, 9, BP9 Z. 3, 4, 11, 12, BP10 Z. 4, 7, 8, 15, 16;

65 Stoever, Heino, Mann, Rausch, Sucht: Konstruktionen und Krisen von Männlichkeiten; in: Suchttherapie (2007), https://www.researchgate.net/publication/247476939;

Niemand hat in dem angesprochenen Zeitrahmen ein anti-alkoholisches Getränk zu sich genommen.[66]

In der vorliegenden Untersuchung konnte bestätigt werden, dass der öffentliche Gesellschaftsraum in Form einer Bar in einem urbanen und liberalen Umfeld eine historische Segregation aufweist. Des Weiteren spielt der Konsum von Alkohol im geselligen Miteinander eine einflussnehmende und verbindende Rolle.

66 BP2–BP10;

<table>
<tr><th colspan="4">Gedankliches Situationsprotokoll</th></tr>
<tr><td colspan="4">- post-faktische, naive, teilnehmende, offene Beobachtung -</td></tr>
<tr><td colspan="4">Beobachtungsthemen:</td></tr>
<tr><td colspan="2">BeobachterIn:</td><td rowspan="2"></td><td>Datum: Zeitrahmen:</td></tr>
<tr><td colspan="2">Situative Rekonstruktion:</td><td>Ort:</td></tr>
<tr><td colspan="4"></td></tr>
<tr><td>1.</td><td colspan="3"></td></tr>
<tr><td>2.</td><td colspan="3"></td></tr>
<tr><td>3.</td><td colspan="3"></td></tr>
<tr><td>4.</td><td colspan="3"></td></tr>
<tr><td>5.</td><td colspan="3"></td></tr>
<tr><td>6.</td><td colspan="3"></td></tr>
<tr><td>7.</td><td colspan="3"></td></tr>
<tr><td>8.</td><td colspan="3"></td></tr>
<tr><td>9.</td><td colspan="3"></td></tr>
<tr><td>10.</td><td colspan="3"></td></tr>
<tr><td>11.</td><td colspan="3"></td></tr>
<tr><td>12.</td><td colspan="3"></td></tr>
<tr><td>13.</td><td colspan="3"></td></tr>
<tr><td>14.</td><td colspan="3"></td></tr>
<tr><td>15.</td><td colspan="3"></td></tr>
<tr><td>16.</td><td colspan="3"></td></tr>
<tr><td>17.</td><td colspan="3"></td></tr>
<tr><td>18.</td><td colspan="3"></td></tr>
<tr><td>19.</td><td colspan="3"></td></tr>
<tr><td>20.</td><td colspan="3"></td></tr>
<tr><td>21.</td><td colspan="3"></td></tr>
<tr><td>22.</td><td colspan="3"></td></tr>
<tr><td>23.</td><td colspan="3"></td></tr>
<tr><td>24.</td><td colspan="3"></td></tr>
<tr><td>25.</td><td colspan="3"></td></tr>
<tr><td>26.</td><td colspan="3"></td></tr>
</table>

Gesprächsbeobachtung		
Begleiterhebung einer qualitativen Befragung		
Thema:		
BeobachterIn:		Datum: Zeitrahmen:
Situation:		Ort:

Beobachtung	
1.	
2.	
3.	
4.	
5.	
6.	

Gesprächsbeobachtungen (nach Min. der Aufzeichnung)	

Beobachtungsprotokoll		
- naive, teilnehmende, offene Beobachtung -		
Thema:		
BeobachterIn:		Datum: Zeitrahmen:
Situationsfokus:		Ort:

1.	
2.	
3.	
4.	
5.	
6.	
7.	
8.	
9.	
10.	
11.	
12.	
13.	
14.	
15.	
16.	
17.	
18.	
19.	
20.	
21.	
22.	
23.	
24.	
25.	
26.	

Beobachtungsprotokoll		
- systematische, teilnehmende, offene Beobachtung -		
Thema:		
BeobachterIn:		Datum: Zeitrahmen:
Situation:		Ort:

Beobachtungsthema A:
Beobachtungsthema B:
Beobachtungsthema C:
Offene Wahrnehmung:

Zeittracht Medien GmbH
Ferdinand-Jühlke-Straße 7
99095 Erfurt, Deutschland
produktsicherheit@kolibri360.de